KB058586

# 애플에서는

## 단순하게
## 일합니다

일러두기
• 저자와 외국인 동료의 대화는 편의를 위해 번역하여 실었습니다.

# 애플에서는

# 단순하게
# 일합니다

박지수 지음

“나는 미친 듯이
단순함을 추구한다.”
_스티브 잡스

RHK
알에이치코리아

# 세계에서 가장 비밀스러운 기업,
# 애플

실리콘밸리 엔지니어로 일한 지 어느덧 20년이 되었다. 돌이켜 보면, 하루하루 살아남기 위해 치열하게 움직인 시간이었다. 그동안 내가 일해온 기업들은 전 세계에서 가장 뛰어난 엔지니어들만 모인 곳으로, 그들과 경쟁해 살아남으려면 나는 한 번 더 생각하고, 한발 더 빠르게 움직여야 했다. 그렇게 뚜벅뚜벅 일하다 보니, 엔지니어라면 누구나 가고 싶어 하는 애플로부터 일자리를 제안받게 되었다.

그런데 선뜻 면접에 응하겠다는 대답이 나오지 않았다. 애플은 독종만 견딜 수 있는 곳이라는 평이 파다했기 때문이다. 심지어 같은 회사에 다녔던 한 동료는 애플로 이직한 후 건

강이 나빠져 한참 약을 먹어야 했다고 했다. 분명 좋은 기회였지만 망설여졌다.

일단 나는 연락을 준 애플의 인사담당자와 좀 더 이야기를 나눠보기로 했다. 애플이 내게 제안한 자리는 신뢰성<sup>reliability</sup> 부문 포지션으로, 내 경력과는 아주 잘 맞았다. 인사담당자와 이야기를 나눌수록 애플에 대한 호기심이 강하게 일었다. 무엇보다 수십 년간 한국과 미국 기술기업에서 두루 일하며 품어왔던 '세계 일류 기업의 비밀'에 대한 답을 찾을 수 있을 것 같았다. 그래서 나는 애플의 채용 면접에 응하기로 마음먹고, 몇 차례의 면접을 거쳐 애플에 입사하게 되었다.

모두 알다시피 애플은 FAANG(구 페이스북-메타, 애플, 아마존, 넷플릭스, 구글을 일컫는 용어)으로 알려진 미국의 거대 기술기업 중 한 곳이다. 2023년 상반기 주식 시가총액은 약 2.7조 달러(약 3,600조 원으로 삼성전자의 여덟 배)에 달하며 전 세계 20억 명 이상의 사람들이 아이폰을 사용하고 있다.

스티브 잡스<sup>Steve Jobs</sup>와 스티브 워즈니악<sup>Steve Wozniak</sup>은 집 차고에서 애플을 창업했다. 이십 대 초반이었던 두 사람은 중고 계산기와 중고차를 팔아 마련한 1,300달러를 자본금으로 사업을 시작해, 이후 맥 시리즈와 매킨토시를 출시하여 퍼스널 컴퓨터의 혁명을 이끌었다. 1985년을 기점으로 한동안 애플을 떠나 있었던 잡스는 1997년 복귀 후 아이팟, 아이폰, 아이패드, 아이클라우드 등으로 기술 혁명을 주도하며 애플을 가장 혁신적인 기업의 대명사로 발돋움시켰다.

그러나 2011년 그가 췌장암으로 사망하자 각국 외신은 애플의 주가는 하락할 것이라고 이야기했다. 그러나 애플은 그들의 예상을 뒤엎고, 아이폰 생태계를 발판삼아 서비스 영역으로까지 사업을 확장했다. 이로써 2024년 상반기 기준 시가총액 3조 달러라는 위엄을 달성하며, 누구도 부정할 수 없는 실리콘밸리의 공룡이자 지배자로 그 자리를 지켜오고 있다.

스티브 잡스가 세상을 떠난 지 10년이 넘었지만, 그와 애플에 관해 다룬 책이 계속 출간되고 있다. 여전히 많은 사람이 잡스의 경영철학과 애플의 일하는 방식을 궁금해하고 있다는 방증이다. 나 역시 같은 궁금증으로 여러 책을 읽어보았다. 그러나 대부분 애플에서 일한 경험이 없는 외부인이 쓴 것으로, 애플의 경영철학이나 업무처리 방식은 담겨 있지 않았다.

애플의 엄격한 비밀주의 문화를 고려한다면 한편으론 이해되지만, 애플에서 일한 경험이 있는 사람이 잡스의 경영철학과 애플의 일하는 방식을 소개해 준다면 참으로 좋겠다는 생각이 들었다. 일을 잘하고 싶은 사람이나 자신이 속한 조직을 일류로 만들고 싶은 임원들, 창업을 준비하는 이들에게 많은 도움이 될 게 분명하기 때문이다. 그래서 나는 애플에서 고군분투하며 직접 습득한 잡스의 유산과 애플의 일하는 방식을 많은 사람에게 공유하고자 이 책을 쓰게 되었다.

애플에서 일이 너무 고될 때, 동료들과 주고받던 농담이 있다. "애플의 1년은 일반 기업의 6년과도 같다." 일반 기업에서는 가늠할 수 없을 정도로, 애플의 업무량은 어마어마하다. 아주 작은 업무부터 이야기하자면, 매일 회신해야 하는 메일이 백여 통에 이른다. 하루 평균 참석해야 하는 회의는 최소 네다섯 개로, 그 회의를 진행하기에 앞서 여러 차례 사전 회의를 진행해야 한다. 물론 그 과정에서 대량의 자료와 데이터를 분석해야 하는 건 기본 업무이다. 나아가 디자인팀, 제품설계팀, 엔지니어링팀, 마케팅팀, 부품 공급업체와 긴밀하게 협업해야 한다(이때 얼마나 많은 마찰이 생기는지 상상도 하지 못할 것이다). 그런데도 그 누구 하나 불평하지 않고 일을 척척 해낸다. 과연 그 비결은 무엇일까? 바로, 단순함이다. 애플 직원들은 하나같이 단순하게 일한다. 그들은 아이디어에서 시작해 혁신적인 제품과 서비스를 구현하기까지 이루어지는 복잡한 의사 결정을 매우 효율적으로 심플하게 처리한다.

> "단순함은 복잡함보다 어렵습니다. 자기 생각을 정돈해 단순하게 하려면 굉장히 노력해야 합니다. 하지만 그럴 가치가 있죠. 일단 단순함에 도달하기만 하면 산을 옮길 수 있습니다."
> _ 스티브 잡스

나는 스티브 잡스의 경영철학이기도 한 이 단순함을 애플에서 몸소 체험하며 습득했다. 그리고 그 안에서 배운 모든 것을 이 책에 담았다. 제품개발의 기술적 부분과 연관된 에피소드는 법적인 문제의 소지가 있어 모두 생생하게 담을 순 없었지만, 일하는 사람이라면 누구나 알고 있으면 좋을 업무기술을 비롯하여 반면교사 삼아야 할 부분까지도 가감 없이 담았다. 부디 이 책이 각자의 일터에서 일잘러로 첫걸음을 내딛는 데 디딤돌이 되기를 바란다.

목차

# 2장

# 완벽주의를 향한
# 단순함

# 3장

# 톱니바퀴처럼
# 빈틈없는 실행력

# 4장

# 숨기고
# 또 숨겨라

# 5장

# 냉혹한 평가 속에서
# 생존하기

# 6장
## 절이 싫으면
## 중이 떠나라

# 1장

## 애플의 기능별 조직체계

# 혁신을 위한 선택

내가 애플에 재직할 당시 회사 매출은 4,000억 달러(한화로 약 500조 원)로 직원이 16만 명이나 되었다. 그러나 이 거대 기업은 마치 하나의 단일 사업부처럼 움직였다. 제품군(사업부)에 따라 기능적 팀이 모여있는 일반 회사와 달리 애플은 최고경영자 아래에 디자인, 엔지니어링, 마케팅, 제조, 유통 판매 등 기능별 조직이 분산돼 있다(다음 표 참고). 전자의 경우 각 사업부가 하나의 독립된 기업처럼 운영되며 사업부별로 매출과 이익 및 손실이 집계된다. 최고경영자의 입장에서는 사업부별로 경영해 책임 소재를 가리는 게 방대한 조직을 좀 더 편리하게 경영하는 방법일 수 있다.

반면 애플은 기능별 전문가 조직('실무 엔지니어-매니저-시니어 매니저-디렉터-시니어 디렉터-부사장-수석부사장'으로 구성)으로 이뤄져 있어서 회사의 매출과 이익, 손실을 공동으로 책임진다.

가령 내가 속했던 신뢰성 조직('조직'은 특정 기능을 총괄하는

**일반 사업부 조직(위)과 기능별 전문가 조직(아래)**

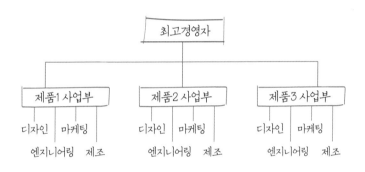

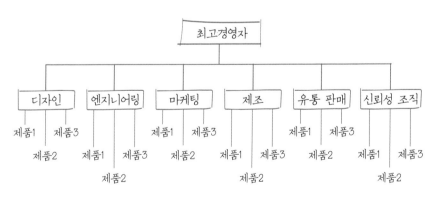

곳으로, 조직 아래에 제품별로 여러 팀이 존재한다)은 애플의 모든 제품(아이폰, 애플워치, 맥북을 비롯해 아이폰 케이스와 애플워치의 시곗줄, 충전 플러그)의 핵심부품에 대한 신뢰성 평가(어떤 부품, 제품, 시스템 등이 주어진 조건에서 고장 없이 일정 기간에 최초의 품질 및 성능을 유지하는 특성 평가)와 기준 및 불량 분석 등을 책임진다. 그래서 신뢰성 조직이 쌓아 올린 다양한 지식, 경험, 정보, 문제 해결력은 기능별 전문가 조직의 혁신에 매우 중요한 자산이 된다.

그중 나는 아이폰 디스플레이의 신뢰성 평가를 담당하며 매주 회의에 참석했다. 이 주간회의에서 담당자들은 다양한 신뢰성 평가 경험치를 바탕으로 날카로운 질문과 아이디어를 내놓는다. 덕분에 대부분 문제의 실마리는 신뢰성 조직으로부터 나온다.

> "그 문제는 맥북팀의 제임스에게 물어보세요. 그 친구가 예전에 신뢰성 평가 중에 나타날 수 있는 전기 배선의 부식 문제를 새로운 실험법으로 해결했는데, 이 문제에도 도움이 될 거예요."

"다른 제품에도 비슷한 불량 문제가 있었는데, 당시 공정 중에 생긴 특정 불순물이 원인이었습니다. 여기서는 왜 불순물의 화학분석을 하지 않았죠?"

"통계적 분석으로 실제 제품의 불량률을 예측해야 결론을 내릴 수 있어요. 제조팀의 제이슨이 비슷한 통계분석 자료를 가지고 있으니, 그에게 물어보고 예측 가능한 불량률을 이번 주 내에 보고하세요."

"같은 공급업체의 부품을 사용한 다른 제품에서도 비슷한 결과가 나왔는지 알아보세요."

오랜 기간 광범위한 제품개발로 쌓은 경험과 전문 지식은 기능별 전문가 조직의 혁신을 위한 내공이 된다. 애플워치에서의 문제 해결 경험이 아이폰 개발에 도움이 되고, 맥북 개발에서 얻은 시행착오가 애플워치 개발에 영감을 주는 식이다. 이러한 영향력은 단지 신뢰성 조직에서만 발휘되는 게 아니다. 디자인, 마케팅, 엔지니어링, 제조 등 각 부분을 책임지는 수석부사장 아래에 포진해 있는 기능별 전문가 조직에서도 같은 동력이 나타난다.

애플이 처음부터 기능별 조직으로 운영된 것은 아니다. 사업부 체계를 기능별 조직으로 재구성한 사람은 다름 아닌 스티브 잡스였다. 1997년 그가 최고경영자로 애플에 복귀할 당시 애플은 제품별로 움직이는 사업부 조직으로 구성되어 있었다. 잡스는 복귀하자마자 각 사업부 조직의 책임자를 모두 해고했다. 그다음 회사 전체를 기능별 조직으로 재편하고, 자신이 직접 팀을 지휘했다. 그리고 실적에 따라 각 사업부를 평가하는 대신 회사 전체를 하나로 묶어 실적을 평가했다. 이와 함께 기능별 조직을 이끄는 수석부사장들이 잡스를 중심으로 (회사의 방향과 전략에 따라) 주요 의사 결정을 내리는 시스템이 구축되었다.

잡스는 사업부 조직 대신 기능별 조직으로 회사를 운영해야 혁신을 이룰 수 있다고 믿었다. 사업부 조직별로 회사를 운영한다면, 회사의 방향에 맞춰 혁신적인 제품을 개발하기보다는 사업부 자체의 단기적인 실적에 집중할 수밖에 없다. 그럼 결국 적은 비용으로 사업부의 이익을 극대화하는 데 집중하게 된다. 한마디로 혁신보다 돈벌이에 우선순위를 두는 회사가 되는 것이다. 잡스는 이러한 조직체계로는 절대 혁신을 기대할 수 없다고 확신했고, 당시 파산 직전이던 애플의 미래도 바꿀 수 없다고 판단했다.

물론 기능별 전문가 조직 형태가 회사의 혁신을 담보하는 건 아니다. 그러나 회사에서 일해본 사람이라면 조직 간의 알력 다툼, 전체 이익에 반하는 조직 이기주의를 경험해 보았을 것이다. 회사의 이익과 방향에 온 구성원의 역량을 집중시키려면 사업부 조직 대신 기능별 조직을 선택하는 게 최선의 방법임을 잡스도 깨달은 것이다. 그리고 이러한 결정은 애플이 기사회생하는 데 기폭제가 되었다.

# 너희는 우리가 평가해

내가 담당한 신뢰성 평가 업무는 소비자가 제품을 사용하는 동안 제품이 원래의 성능을 유지하는지 평가하고, 만약 불량이 있다면 그 원인을 분석해 해결하는 것이다. 가령 소비자가 제품을 산 지 얼마 되지 않아 제품의 기능이 저하되고 불량이 발생한다면, 소비자는 그 회사의 제품을 다시는 사지 않을 것이다. 제품의 신뢰성은 소비자의 만족도, 나아가 브랜드의 평판과 가치에 결정적인 영향을 준다. 따라서 회사는 제품의 설계 및 개발 단계에서 철저히 문제를 파악하고 이를 완벽히 해결해야 한다.

신뢰성 담당자는 제품의 개발 단계에서부터 설계, 재료 선택, 부품의 기능과 제조 공정 그리고 양산 단계에 이르기까지 다양한 팀과 광범위한 협업을 한다. 덕분에 나는 애플의 일하는 방식과 특성을 빠르게 이해할 수 있었다. 내가 애플에서 첫 회의를 하자마자 발견한 특이점은 칼 같은 업무 질서였다. 한 예로, 제품설계팀, 엔지니어링팀과 회의할 때, 제품설계팀은 엔지니어링팀에 무례할 정도로 요구사항을 말하는 반면 엔지니어링팀은 수세에 몰린 듯 쩔쩔맨다. 내가 느끼기에 혼신의 힘을 다하는 것 같았다.

조직도에는 나타나지 않지만, 실제 업무에서 두 팀의 상하관계는 확연히 드러난다. 실무담당자들끼리의 회의는 말할 것도 없고, 제품설계팀의 디렉터 보고회의 분위기는 거의 살얼음판이다. 이 회의는 개발 중인 제품에 관해 제품설계팀이 엔지니어링팀에 보완을 요구하는 자리로, 아주 신랄한 지적과 예리한 질문이 오간다. 이런 분위기가 업무 질서로 자리 잡게 된 건 잡스의 경영철학 때문이다.

"디자인이 기술을 이끄는 가운데, 기술은 디자인을 구현하기 위한 기술적 해답을 제시해야 한다." 잡스는 단순함이 정교함의 궁극적 형태라고 생각했다. 그래서 우아하고 섬세하면서도 사용자가 사용하기 편한 제품을 만드는 데 주력했고, 이 과정을 효율적으로 이끌기 위해 각 부서가 질서를 엄격하게 유지하도록 한 것이다.

> "엔지니어링팀의 개발 프로그램 현황과 주요 이슈 그리고 각 이슈에 대한 개선 조치를 이번 주 금요일 회의에서 보고해 주세요. 특히 개선 조치 검증 일정도 포함해 확실한 수렴con-vergence 방안을 공유해 주시기 바랍니다. 회의 전에 리뷰할 수 있도록 최종 슬라이드는 목요일까지 보내주시고요."

그러면 엔지니어링팀은 프로그램 매니저(부서 간 조율과 협업을 통해 개발프로그램의 일정과 실행을 조정하는 담당자) 및 코어팀(프로그램 매니저와 열다섯 명 정도 되는 실무담당자로 구성)과 함께 제품설계팀의 요청에 어떻게 대응할 것인지를 논의하기 위해 사전 회의를 소집한다.

프로그램 매니저는 재빨리 개발 과정에서 발생한 이슈를 정리해 슬라이드를 준비하고, 엔지니어링팀 담당자들은 이슈별로 문제 원인과 분석, 대처방안을 정리한 원 페이저one-pager와 백업 슬라이드back-up slide를 준비한다. 사전 회의에서 각 담당자는 준비한 슬라이드를 바탕으로 실제 제품설계팀 디렉터 앞에서 발표하는 것처럼 예행연습을 한다. 이때 실무담당자들은 실제 보고에서 어떤 문제가 제기되고 그에 대해 어떻게 대처할 것인지 날카로운 질문을 던지며 격렬히 논쟁한다. '이런 질문을 한다면 다른 사람들이 뭐라고 생각할까?' 하고 눈치보는 사람은 없다. 사전 회의는 이러한 과정을 거쳐 빈틈없이 준비된다.

"어떤 데이터를 근거로 이 선행가설이 옳다고 주장하는 거죠? 그 가설을 뒷받침하는 데이터를 보여주세요. 추측하지 말고 데이터에 바탕을 둔 논의를 해야죠. 제품설계팀에서 그 부분에 관해 묻는다면 어떻게 답하려고 그래요?"

"슬라이드에 다음 단계의 체크포인트가 일주일 뒤라고 되어 있는데, 그 결과를 얻는 데 왜 일주일이나 걸리죠? 더 빨리 받을 수 있도록 부품 공급업체에 요청하세요."

"불량의 원인이 재료의 결함 때문인지, 물리적 손상 때문인지에 따라 책임 소재와 개선 조치가 달라집니다. 각 상황에 따라 불량을 어떻게 분석할지 원 페이저로 정리해 주세요. 프로그램 일정에 맞추려면 다음 주까지 결론을 내려야 해요."

"슬라이드에서 문제를 제시하기 전에 전체적인 전략을 요약

한 표를 먼저 보여주세요. 그래야 문제에 체계적으로 접근하고 있다는 인상을 줄 수 있고, 문제 해결방안도 더 명확해져요. 수정해서 내일 다시 보도록 하죠."

"슬라이드에 명시된 문제의 근본 원인이 분명치 않아요. 무엇이 문제를 일으켰는지 좀 더 구체적으로 설명해 줄 수 있나요? 아니면 아직도 문제의 원인을 모르는 건가요?"

"원 페이저로 전달하려는 핵심 메시지가 뭐죠? 제품설계팀 앞에서 발표해야 하는데, 자료 수준이 너무 떨어집니다. 빈틈도 많고요. 문제의 원인을 재정리해서 오후에 다시 발표하세요."

"발표할 때 슬라이드를 너무 빨리 넘기고 있어요. 도표에서 언급하고 싶은 점을 분명히 말한 다음, 슬라이드를 넘기기 전에 잠깐 디렉터로부터 질문을 받도록 하세요. 궁금한 걸 물어볼 수 있도록."

"표 위에 꼭 표제를 넣도록 하세요. 그리고 표는 원 페이저 말고 백업 슬라이드에 싣는 게 더 나아요."

"슬라이드에 오자가 있어요. 'validete'이 아니라 'validate'죠.
그리고 슬라이드에 글자가 너무 많아요. 핵심 메시지 위주로
좀 더 간결하게 정리하세요. 그리고 표 테두리 선이 진해서
눈에 거슬리네요."

엔지니어링팀에게 제품설계팀과의 회의는 마치 전쟁과 같
다. 애플에서 오래 일한 엔지니어도 자신의 아이템이 안건으
로 오르면 바짝 긴장한다. 제품설계팀의 날카로운 질문에 논
리적으로 답하지 못하면, 계속 수세에 몰리기 때문이다. 한마
디로 제품설계팀은 '갑'이 되고 엔지니어링팀은 '을'이 된다.
일례로 회의 중 업데이트가 미흡하면, 제품설계팀은 엔지니어
링팀을 회의 내내 닦달한다. 그럼 엔지니어링팀은 그다음 회
의까지 제품설계팀이 만족할 만한 결과를 가지고 와야 한다.
대충 얼버무리거나 적당히 넘어갈 방법은 그 어디에도 없다.

"오늘 논의했던 조치 항목에 대한 분명한 해답을 찾아 다음
주까지 보고하세요. 분명하게 말하지만, 그때까지 위험 요소
가 제거되어야 합니다."

나는 보통 제품설계팀이 요청하는 신뢰성 평가를 보완하기

위해 엔지니어링팀과 최소 두세 차례 사전 회의를 했다. 미비한 점이 발견되면 부품 공급업체에 계속 자료를 요청해 검토했고, 협업하는 실무자들과 밤낮없이 의견을 주고받으며 슬라이드를 보완했다(30분 회의를 위해 최소 네다섯 시간을 준비한다).

제품설계팀의 역할은 디자인팀의 요구를 기술적으로 구현하기 위해 디스플레이, 카메라, 배터리, 센서 등 주요 부품을 어떻게 배치하고 조합할지 설계하는 것이다. 그러한 가운데 엔지니어링팀의 역할은 제품설계팀이 요구하는 제품의 설계와 기술적 요구사항을 바탕으로 부품 공급업체와 협업하여 기술적 해법을 찾는 것이다. 이 과정을 거쳐 개발제품의 기술적 문제가 해결되고, 양산될 제품의 디자인과 기능, 재료, 부품이 최종적으로 확정된다. 이후 제조팀이 공정을 최적화하고 수율(투입 수에 대한 완성된 양품의 비율)을 극대화하여 출시일에 맞춰 생산을 시작한다.

일반 회사들은 이와 정반대되는 업무 질서를 가진다. 기술에 디자인이 종속된다. 엔지니어링팀이 신제품에서 구현하려는 기능을 총괄하고, 제품설계팀과 디자인팀이 그들을 백업한다. 기술이 디자인을 이끄는 회사와 디자인이 기술을 이끄는 회사의 차이는 일면 단순해 보인다. 하지만 실제 제품개발 진행 과정과 출시된 제품의 수준을 비교하면, 그 차이는 엄청나다. 디자인이 기술을 이끄는 애플에서는 제품설계팀이 '갑', 엔지니어링팀은 '을'이 된다. 을은 갑의 요구에 따라 기술적 해법과 대안을 제시해야 한다. 을은 갑으로부터 좋은 평가를 받기 위해 온갖 노력을 기울인다. 나와 협업했던 엔지니어링팀 사람들은 한결같이 제품설계팀과의 회의를 가장 껄끄러워했지만, 많은 시간과 노력을 들여 회의를 준비했다.

그런데 이보다 더 흥미로운(?) 관계가 있다. 제품설계팀과 디자인팀의 관계이다. 이전의 상황이 역전되는데, 디자인팀이 자신들의 요구사항을 제품설계팀에 독촉하기 때문이다. 그럼 제품설계팀은 (엔지니어링팀과 마찬가지로) 디자인팀의 요구사항에 빈틈없이 대응하기 위해 철저히 준비한다. 엔지니어링팀에 갑의 행세를 하던 제품설계팀은 디자인팀 앞에서 을이 된다. 이런 엄격한 업무 질서가 애플을 혁신적 기업으로 이끌었다.

# 안 된다고 하지 말고
# 해법을 가져와!

한 기술 개발 디렉터가 맡은 프로젝트의 초기 단계 현황을 부사장에게 보고했다. "우리가 목표로 하는 기능을 해당 디자인으로 구현하는 건 불가능해 보입니다." 그러자 부사장이 이렇게 답했다. "젠장, 애플이 만드는 제품과 기술 중에 쉽게 할 수 있는 게 있었나? 그렇게 쉬우면 내가 왜 당신을 고용해서 이 일을 맡기겠어?"

애플이 추구하는 디자인의 핵심은 제품의 본질과 주요 기능 및 사용자의 경험을 깊이 이해한 다음, 복잡한 장치를 세련된 미적 감각으로 단순화하는 것이다. 여기서 엔지니어링팀의 임무는 이를 기술적으로 충족시키는 것이다. 그래서 엔지니어링팀은 제품설계팀과 디자인팀의 통제를 받으며 그들의 요구사항을 만족시켜야 하는 엄청난 압박을 받는다. 역설적이게도 이런 내부적 압박은 탁월한 기술적 혁신과 품질을 가능케 한다.

이런 긴장감은 '내 영역에서는 내가 최고'라는 자부심과 그 평판을 지키려는 노력에서 비롯된다. 가령 디스플레이팀은 아이폰, 아이패드, 맥북, 애플워치 등 모든 제품의 디스플레이 개발을 책임진다. 따라서 애플 제품의 디스플레이와 관련된 모든 이슈에 관해서는 디스플레이팀이 해결책을 제시해야 한다. 전문가라면 최고의 실력과 그에 걸맞은 결과를 보여주어야 한다. 그렇지 못한 직원은 애플에서 무용하다.

> "밤늦은 시각이지만, 급한 용무가 있어 연락드립니다. 내일 디렉터 보고회의에서 지난번에 논의한 문제의 해결방안과 다음 스텝을 발표해야 합니다. 그런데 딱히 실마리를 찾을 수 없어서 며칠째 고민 중입니다. 지푸라기라도 잡는 심정으로 부탁드리는 것이니 꼭 좀 도와주세요."

자정이 다 된 시간에 엔지니어링팀의 한 동료로부터 문자 메시지가 왔다. 잠시 통화할 수 있냐는 내용이었다. 전화를 거니 그는 속사포처럼 말하기 시작했다. 이야기인즉슨 신제품에 필요한 소재의 기계적 특성 평가가 공급업체의 문제로 지연되고 있는데, 더는 지체할 수 없어 회사 내 신뢰성 조직의 장비로 간접적 평가라도 해서 결과치를 보고했으면 좋겠다는 거였다. 디렉터로부터 추궁받을까 봐 염려된 것이다.

사정이 딱해 나 역시 무엇이든 도와주고 싶었지만, 그가 제시한 아이디어가 황당해서 원하는 결과를 낼 수 있을지 의심스러웠다. 왜냐하면 애플에는 관련 장비가 없어 간접적 평가(다른 특성을 측정해 원하는 특성값을 간접적으로 유추하는 방식)를 해야 하는데, 그러려면 수작업을 해야 했고 시간도 오래 걸릴 터였다. 게다가 결괏값을 얻더라도 평가의 유효성을 장담하기 어려워 자칫 헛수고가 될 수 있었다. 고민 끝에 나는 그를 돕기로 마음먹고, 새벽부터 다음날 늦은 오후까지 불확실한 테스트에 매달렸다. 다행히 그는 디렉터 보고회의에서 간접적인 결과라도 발표해 일이 진행되고 있다는 것을 보여줄 수 있었다.

애플에서는 상사 앞에서 절대 해선 안 되는 말이 있다. 바로 "모르겠습니다I don't know", "안 됩니다I can't" 그리고 "불가능합니다It's impossible"이다. 만약 당장 제시할 해법이 없더라도, 지금 상황에서 가능한 대안은 무엇이며 그것을 위해서는 무엇이 필요한지를 제안할 수 있어야 한다. 그들 앞에서 "모른다, 안 된다, 불가능하다"라고 답하는 행위는 "저는 무능해서 애플에서 쓸모없는 사람입니다"라고 말하는 것과 같다.

내가 애플에 입사하기 전 다녔던 회사의 엔지니어들은 "내가 이 분야 전문가인데, 그건 기술적으로 불가능합니다"라는 말을 쉽게 했다. 그렇게 할 수 있는 일과 할 수 없는 일을 구분 지어, 소위 '전문가'가 가능하다고 말한 범위 내에서만 제품을 설계하고 개발했다. 그런데 이런 유형의 전문가는 애플에 발을 붙일 수 없다. 애플에서는 불가능해 보이는 사안에도 대안을 제시할 줄 알아야 해당 분야의 전문가로 인정받는다. 애플에서는 쉽게 이루어지는 것이 단 하나도 없다.

생전 잡스가 직접 참여한 유일한 공식 전기인 월터 아이작슨Walter Isaacson의 《스티브 잡스》에는 애플의 이런 분위기를 단적으로 보여주는 일화가 담겨 있다. 애플이 사용자 그래픽 인터페이스(사용자가 아이콘 같은 시각적 그래픽을 이용해 컴퓨터를 다루도록 하는 방식)와 마우스를 개발할 때였다. 잡스는 부드러운 스크롤을 강조했는데, 단순히 상하좌우의 움직임이 아닌 어떤 방향으로든 커서를 쉽게 움직일 수 있는 마우스를 구상했다. 이를 위해서는 휠이 두 개 달린 기존의 마우스 대신 볼을 사용하는 마우스가 필요했다.

애플의 마우스 개발 담당 엔지니어는 당시 사용자 그래픽 인터페이스 개발자였던 빌 앳킨슨<sup>Bill Atkinson</sup>에게 그런 마우스는 상업적으로 도저히 제작할 수 없다고 말했고, 앳킨슨은 잡스에게 그대로 보고했다. 그다음 날 그 엔지니어는 해고됐고, 그 후임으로 온 엔지니어는 긴장한 채 앳킨슨을 만나자마자 이렇게 말했다. "저는 그 마우스를 만들 수 있습니다."

# 독주는 절대 금물,
# 논쟁을 즐겨라

앞서 소개한 제품설계팀과 엔지니어링팀 간의 껄끄러운(?) 관계에서 분명히 짚을 부분은 그것이 일방적인 게 아니라는 점이다. 두 조직의 기본 구도는 엔지니어링팀이 제품설계팀의 기술적 요구를 충족시켜야 한다는 것뿐이다. 기술 문제를 해결하고, 중요한 결정을 내리는 회의에서 두 팀은 자유롭게 의견을 이야기하면 된다.

그래야 조직 간의 견제와 균형, 혁신을 위한 협업이 이뤄진다. 제품개발에 관한 주요 의사 결정에서 책임 소재를 분명히 하고, 제품개발의 방향과 해법을 정할 때 독단적으로 진행되지 않도록 막을 수 있다.

애플에서는 업무담당자에게 더 자세한 설명을 요구하는 일이 무례한 요청이 아니다. 오히려 만족스러운 답을 들을 때까지 "왜 그렇게 되는 건가요? 어떻게 그렇게 도출되는 거죠? 만약 예측대로 결괏값을 얻을 수 없다면요?" 등으로 계속 질문할 수 있어야 잘 훈련된 엔지니어라고 할 수 있다.

마찬가지로 질문을 받는 업무담당자 역시 꼬리에 꼬리를 무는 질문에도 침착하게 논리적인 해결책과 대안을 제시해야 한다. 그래야 진정한 전문가라고 할 수 있다. 하지만 대부분 기업의 담당자들은 그렇지 않다. 철두철미하게 묻고 타당성을 요구하는 일은 상대를 불편하게 만들어 사과해야 하는 일이라고 생각한다. 심지어 회사에 적을 만드는 일이라고 여긴다. 이러한 기업 문화에 익숙해질 무렵, 애플에서 일하게 된 나는 무엇이 더 옳은 방향인지 서로 집요하게 묻는 회의 방식에 신선한 충격을 받았다.

예를 들어, 제품설계팀이 엔지니어링팀에 특정한 기술적 해결책을 요구할 때 조금이라도 논리적 빈틈이 보이면 엔지니어링팀은 기다렸다는 듯이 당장 이의를 제기한다. 집요하게 그 빈틈을 물고 늘어지며 논쟁을 이어간다. 가령 개발 단계의 신뢰성 평가에서 불량이 발생하면 엔지니어링팀은 잘못된 제품설계가 불량의 원인이라고 문제를 제기한다. 반대로 제품설계팀은 똑같은 설계인데 특정 공급업체에서 제조된 부품에서만 불량이 생기는 사례를 보여주며 부품 제조 공정에 문제가 있는 것이라고 말한다. 이런 논쟁은 하루에도 몇 번씩 일어난다.

주간 디렉터 보고를 하기 위해, 개발 중인 제품의 디스플레이 신뢰성 평가 결과와 분석 자료를 준비할 때였다. 디렉터에게 보고할 슬라이드를 만들고자 사안별 담당 엔지니어와 새벽까지 의견을 조율하며 작업하던 차였다. 그러던 중 제품설계와 연관된 것으로 의심되는 불량을 발견했다. 만약 불량의 원인이 제품설계의 오류 때문이라면, 해결책은 당연히 제품설계팀에서 나와야 한다. 아무튼 회의 당일까지 나는 해당 디스플레이 실무자들과 논의에 논의를 거듭하며 회의 30분 전에 겨우 발표 슬라이드를 완성했다.

그런데 보고하기 10분 전, 제품설계팀으로부터 문자 메시지가 왔다. 제품설계팀과 엔지니어링팀 담당자가 모여있는 단체 메시지 대화방에서 제품설계팀이 해당 불량에 대한 보고를 미루자고 요구했다. 원인이 불분명한 불량을 성급하게 결론지어 보고하기보다 시간을 두고 분석 결과를 확인한 후에 보고하자는 것이다.

제품설계팀의 책임으로 의심되는 불량 문제가 디렉터에게

선불리 보고되고 공론화되는 것을 막으려는 것이었다. 하지만 이런 요구에 엔지니어링팀은 발끈했다. 그들은 디렉터에게 불량을 제때 보고하지 않았다고 책망을 받을 수 있으니, 당장 보고하기를 원했다. 물론 그 저변에는 해당 불량의 원인이 제품설계에서 비롯되었음을 부각하려는 뜻도 있었다.

디렉터 보고회의가 시작되기 직전까지, 양 팀에서 수십 개의 메시지가 쏟아졌다. 나의 신뢰성 평가 불량 보고서는 이미 디렉터 보고 안건에 포함되어 있었다. 메시지 대화방에서 제품설계팀과 엔지니어링팀이 공방을 벌이는 가운데, 내 발표순서는 점점 다가오고 있었다. 이제 불과 1분 뒤면 내 슬라이드가 프로젝터에 뜰 텐데, 여전히 메시지 대화방에서는 신뢰성 평가 불량을 디렉터에게 보고할지 말지를 두고 한 치의 물러섬 없는 논쟁이 계속되었다.

"불량 원인을 분석한 결과, 디스플레이 자체에 문제가 있는 게 아니라 같이 설계된 다른 부품과의 조합에 문제가 있는 게 명백합니다. 디렉터에게 전달해서 설계 문제를 바로 잡도록 조치해야 합니다."

"일부 데이터만 분석한 결괏값으로 원인을 단정하는 데 동의할 수 없습니다. 이런 식의 발표는 일방적입니다. 다음 주에 다른 결과치도 나올 테니 그때 종합적으로 분석한 다음에 결론을 내도록 하죠."

"지금까지 나온 분석 결과를 달리 어떻게 설명할 수 있죠? 다른 아이디어나 가설이 있다면 제시해 주세요. 저희는 언제든지 논의할 준비가 되어 있습니다."

"다른 업체에서 제작한 부품에서는 아직 같은 불량이 나타나지 않았죠. 그 부분을 간과하고 말씀하시는데, 저희 시뮬레이션 결과와는 어긋난다는 점을 기억하세요. 부품 제조 공정에서 문제가 나타날 수도 있는데 관련 시뮬레이션 결과는 아직 없네요. 같이 두고 이야기해야 하지 않을까요?"

신뢰성 평가 담당자로서 그사이에 낀 나는 이러지도 저러지도 못하고 땀이 흥건한 손을 쥐었다 폈다 하고 있었다(신뢰성 조직은 제품설계팀과 엔지니어링팀의 사이에서 어느 쪽을 편들 입장이 아니다). 심상치 않은 상황임을 직감한 프로그램 매니저는 내 발표 슬라이드를 순간적으로 삭제했다. 자동으로 다음 순서 발표자의 슬라이드가 프로젝터에 실행되었고, 내 발표 슬라이드는 애초에 없었던 것처럼 넘어갔다. 결과적으로 제품 설계팀이 원하는 대로 나의 신뢰성 평가 보고는 미뤄졌다.

(당연한 말이지만) 각 팀의 부사장은 자기 팀원이 다른 조직의 요구에 순응하고 끌려다니는 걸 몹시 싫어한다. 어떤 사안이든 타 조직의 요구가 타당한지 문제를 제기하고 나서 자기 팀의 주장을 뒷받침하는 데이터와 결과를 제시하여 논쟁하기를 원한다. 그래서 부사장은 논쟁을 통해 자기의 뜻을 관철할 줄 아는 팀원을 중용한다. 실제 어떤 부사장은 자기 조직의 중간 관리자를 향해 공개적으로 이렇게 불만을 표현하기도 했다. "다른 부서의 요구에 끌려다니라고 당신을 그 자리에 앉힌 게 아니다." 그리고 얼마 후 중간 관리자는 교체되었다. 애플의 기업 문화에 부합하는 결과였다.

한편 부사장은 이따금 의외의 태도를 보이기도 한다. 그러고는 디렉터와 매니저들이 자신의 아이디어를 반박하고 논쟁하도록 유도한다. 이런 상황에서 누가 어떻게 답하는지를 관찰하면, 유능한 직원이 누구인지 한눈에 알아볼 수 있어서다. 이때 의견을 내지 못하고 조용히 있는 디렉터나 매니저는 자신의 무능을 부사장에게 고스란히 보여주는 셈이다. 왜냐하면 이런 논쟁을 통해 자연스럽게 더 나은 결과와 아이디어가 도출되고, 조직의 방향이 하나로 결집되어서이다.

애플에 입사하고 얼마 지나지 않아 매니저와 일대일 면담을 할 때였다. 내가 맡은 개발 프로그램의 현황을 간단히 설명하고 이슈들을 보고하는 자리로, 아직 분석 중인 특정 불량에 대한 원인에 관해서도 보고했다. 그런데 매니저가 나와 다른 의견을 개진하며 어떻게 생각하는지 내 생각을 집요하게 물었다. "왜 그렇게 생각해? 그 논리를 부정하려면 어떤 데이터가 필요할까? 이런 가능성은 어떻게 생각해? 당신이 간과하고 있는 가설이 여러 개인데, 그게 당신이 가진 아이디어 전부야?"

면담을 마칠 즈음에 그는 내 의견에 대부분 동의한 것처럼 보였다. 그런데 며칠 후 다시 만나서 같은 내용을 의논할 때는 완전히 다른 의견을 제시하며 다시 내 생각을 물었다. 처음에는 나에게 싸움을 거는 건가 싶을 정도로 당혹스러웠다. 그런데 시간이 지날수록 매니저가 의도적으로 나와 반대되는 의견을 내고 있다는 사실을 깨달았다. 그는 내가 그의 의견을 듣고서 어떻게 반응하는지, 압박의 상황에서도 다른 가능성을 신중히 검토하는지를 평가하고 있었다.

이후 내가 참여한 애플의 모든 회의의 강도는 이것보다 훨씬 셌다. 처음에는 회의에 참석하는 게 두려울 정도였다. 하지만 계속 두려워만 할 수 없어서 나는 내 의견을 뒷받침하는 객관적 자료들을 더욱 열심히 찾아보고 점검하게 되었다. 그리고 말할 때도 논리적으로 빈틈이 없는지 한 번 더 생각한 후 말하는 습관을 가지게 되었다. 나아가 다른 팀원의 의견을 귀 기울여 들으며 함께 논의할 수 있는 부분을 적극적으로 찾게 되었다. 그러다 보니 차츰 나와 생각이 다른 직원들과 치열하게 논쟁하는 일이 자연스러워졌고, 그 과정을 거쳐야 최선의 해결책을 찾고 혁신을 이룰 수 있다는 것을 알게 되었다.

애플의 최고경영자 팀 쿡<sup>Tim Cook</sup>은 2023년 〈지큐<sup>GQ</sup>〉와의 인터뷰에서 잡스로부터 배운 한 가지를 소개했다. "내가 잡스를 좋아한 이유는 그는 회사의 특정 그룹에게만 혁신이나 창의성을 기대하지 않았다는 것입니다. 그는 회사의 모든 부문에서 혁신과 창의성을 기대했어요. 근본적으로 우리가 디자인한 제품을 우리가 만들어야 했기 때문입니다."

2011년 암으로 투병 중이던 잡스를 대신해 팀 쿡이 최고경영자로 나섰을 때, 사람들은 애플의 혁신은 끝났다고 이야기했다. 눈부신 혁신을 주도했던 잡스가 애플에서 사라졌기 때문이다. 하지만 잡스는 애플에 위대한 유산을 남기고 떠났다. 바로, 논쟁을 통해 혁신을 이루는 방법이다. 이 유산은 애플의 모든 부서에 자리 잡아 애플 직원들이 일을 대하는 방식에 엄청난 영향을 주고 있다. 이것이야말로 모두의 우려와 달리, 잡스 사후에도 애플이 여전히 일류기업으로 자리매김하는 이유이다.

# 2장

# 완벽주의를 향한

# 단순함

# 탁월함만 용인되는
## 완벽주의

나는 애플에 입사하기까지 국내의 대기업 두 곳을 비롯해 미국의 글로벌 기업 세 곳에서 경력을 쌓았다. 덕분에 다양한 기업 문화를 경험할 수 있었는데 그중에서도 애플의 기업 문화는 단연 특이하다. 이는 완벽주의 때문이다.

구조적 측면에서 먼저 살펴보면, 부사장은 디렉터와 매니저에게, 매니저는 실무담당자에게, 실무담당자는 다른 부서의 실무담당자에게 완벽함을 요구한다. 이것은 성공에 미친 특정 사람에게만 보이는 신념 같은 게 아니다. 애플의 모든 직원은 서로에게 완벽함을 바란다. 이건 애플의 자연스러운 기업 문화이다. 좋은 게 좋은 거라며 적당히 넘어가는 방식이야말로 애플에서는 어색하고 부자연스러운 업무처리이다.

애플의 조직 생태계에서 가장 낮은 위치에 있는 실무담당자끼리의 업무회의에서도 완벽함은 필수다. 발표 슬라이드에서 작은 허점이라도 보이면 바로 날카로운 질문들이 쏟아진다. 따라서 자신이 제일 잘 아는 부문이더라도 끊임없이 최신 정보를 습득하며 공부해야 한다. 그렇지 않으면 뒤처지는 건 당연지사고, 나도 모르는 사이에 동료들에게 무능한 사람으로 낙인찍힌다.

이제 막 실무담당자로 일을 시작한 직원 중에 "실무 엔지니어끼리 하는 회의인데, 그렇게까지 준비할 필요가 있나요?"라고 말하는 이들도 종종 있다. 그런데 이렇게 어쭙잖게 생각하면 큰 낭패를 당할 수 있다.

> "이전 슬라이드에서 이 신뢰성 평가 불량이 다른 테스트에서도 발생한다고 보여 줬죠? 그런데 이 슬라이드에서 제시한 선행가설로는 다른 조건에서 발생한 불량을 설명할 수 없어요. 화학분석 전에 전기회로 측정을 한 다음, 다른 가능성 있는 원인을 배제하고서 다음 단계로 넘어가야 했어요. 따라서 지금 진행하는 불량 분석은 불량의 근본 원인을 뒷받침하는 데이터가 될 수 없습니다. 불량을 일으킬 만한 모든 원인을

포착하도록 어골도<sup>fishbone diagram</sup>(문제의 원인을 파악하는 데 사용되는 근본 원인분석 도구)를 먼저 만들어 보고 다시 의논하는 게 좋겠어요."

"이 슬라이드에서는 왜 모듈 공정의 문제를 언급하지 않고, 패널 공정만 지적하죠? 모듈 공정에 문제가 없다는 확실한 데이터가 있나요? 각 공정 문제를 다시 정리해서 그에 따라 필요한 실험과 데이터를 먼저 정하는 게 어때요?"

"그 불량이 신뢰성 평가 장비의 오작동으로 생긴 거란 결론을 내리려면, 장비 내 온도 분포 데이터를 확인해 봐야죠. 그 결과를 확인하기 전에 다른 분석은 의미가 없는데 섣불리 결론 짓지 마세요. 그럼 오늘 중으로 테스트 장비의 온도 분포 데이터를 공유해 주세요."

"저는 그 결론에 동의할 수 없습니다. 선행가설과 결론이 상충하고 있어요. 공급업체에서 진행하기로 한 실험계획<sup>design of experiment</sup>(이상변동을 가져오는 여러 요인을 하나의 실험에 넣어 여러 실험으로 묶은 후 그 결과로부터의 요인을 판정하는 방법) 분석 결과를 확인한 후에 다음 단계를 정하도록 하죠. 우선 내

일 디렉터 보고회의를 하기 전에 제조팀에서 다시 외관검사를 하고, 전기회로 측정 결과도 같이 논의한 다음에 어떻게 발표할지 결정하도록 하세요."

"첫 번째 이슈의 위험도를 낮은 위험도를 나타내는 노란색으로 표기했는데, 아직 불량 원인을 밝히지 못했으니 중간 위험도인 주황색으로 표기해야 하지 않나요? 낮은 위험도로 분류한 이유를 설명해 주세요."

나름 만반의 준비를 하고 처음 참석하는 실무담당자 회의에 브리핑을 시작했다. 그런데 얼마 되지 않아 당황스러운 일이 벌어졌다. 동료들이 내 발표 자료에서 아주 사소한 부분의 논리적 허점부터 단어의 의미까지 하나하나 물고 늘어지며 논쟁하는 게 아닌가! 심지어 그들은 내가 만든 도표의 테두리 색이 너무 진해서 메시지가 잘 읽히지 않으니 연한 색으로 바꾸라는 지적부터 같은 슬라이드에서 여러 서체를 쓰지 말라는 것까지 아주 세세한 부분도 언급했다.

슬라이드에 사용된 단어의 뜻을 물으며 왜 그 단어를 썼는지 설명해 달라고 하는 동료도 있었다. 첩첩산중으로 그들은 내 설명에서 계속 허점을 잡아내 질문했다. 보고 일정을 지적하는 동료도 있었다. 다음 단계의 체크포인트 날짜가 지났다는 것이다. 체크포인트란 다음 단계 실행과제의 진척 상황을 확인할 수 있는 시점으로, 애플에서는 부서별 책임 소재를 분명히 하기 때문에 직원들이 이 날짜에 민감하다.

이러한 지적은 업무 영역과 관계없이 어느 누구에게나 받을 수 있다. 내 업무와 직접적으로 연관이 없는 부서의 사람들도 내 발표 내용에서 허점을 발견하면 곧바로 지적하고 질문한다. 물론 이런 일을 처음 겪었을 땐 울컥하는 마음이 들기도 한다. 하지만 그 누구도 "당신의 업무 영역도 아닌데 왜 나서서 참견입니까?"라고 대꾸하지 않는다. 왜일까? 제품개발이란 모든 업무 영역이 유기적으로 움직여야 가능한 일이기 때문이다.

애플에서 일하는 사람들이 서로에게 질문하는 태도를 보면, 마치 "당신이 업무를 제대로 하지 못한다면, 내가 한 모든 노력이 허사가 된다. 따라서 당신은 업무에 관한 내 질문에 성실히 답하고, 당신의 업무에 문제가 없다는 것을 계속 증명할 의무가 있다"라고 말하는 것 같다. 매우 이성적인 태도이다. 당장 내 업무는 순탄하게 진행되더라도 다른 업무 영역에서 문제가 발생한다면, 제품개발을 성공적으로 진척시키기 어렵다. 따라서 내 업무와 직접적인 관련이 없는 영역이더라도 자세히 들여다보고, 허점이 보인다면 날카롭게 질문해야 한다.

나 역시 몇 차례 호되게 겪고 나서 회의에 임하는 자세를 달리하게 되었다. 생존을 걸고 모든 회의를 준비하게 되었다. 슬라이드 한 장을 만들더라도 허투루 하지 않았다. 내가 전달하려는 메시지에 오차나 빈틈은 없는지, 메시지가 모두 논리적으로 연결되어 있는지, 메시지에 사용된 단어들은 용례에 맞는지 등을 거듭 점검했다. 생존하려면 상사뿐만 아니라 동료까지도 제압할 수 있는 탁월함으로 무장해야 하기 때문이다.

다만, 한 가지 안타까운 게 있다면 모두 겉으로는 드러내지 않지만 극심한 스트레스를 겪는다는 점이다. 가깝게 지내던 중국 출신 엔지니어는 사적인 대화를 나눌 때면 애플의 이런 분위기로 중압감이 심해 힘들다고 토로하곤 했다. 그 친구는 애플에서 일한 6개월이 다른 회사의 3년처럼 느껴진다고 했는데, 이는 과장이 아니다. 애플에서 일한 경험이 있는 사람은 하나같이 이렇게 말한다. 그 정도로 애플의 업무 강도와 긴장감은 엄청나다.

엔지니어링팀의 어느 매니저는 강철 멘탈의 소유자로 애플의 완벽주의, 압박과 논쟁의 문화에 최적화된 인물이었다. 그녀는 회의 시간에 항상 다른 업무담당자의 빈틈을 지적하며 회의 분위기를 주도했고, 제품설계팀과의 논쟁에서도 늘 앞장섰다. 디렉터나 부사장 보고회의에서도 먼저 나서서 돋보이는 코멘트를 하고, 상사의 질문뿐 아니라 동료나 후배들의 질문에도 빈틈없이 잘 대답했다. 애플의 대표적인 일잘러로 손색이 없는 인물이라고 생각했다. 하지만 그런 그녀 역시 사석에서는 종종 자신의 고충을 털어놓곤 했다. 심지어 애플에서 하루하루 버티는 게 힘겨워 다른 회사로 자리를 옮기고 싶다는 말도 하곤 했다. 강철 같이 굳세 보이던 동료 역시 힘들게 버티고 있다는 사실에 나는 동병상련의 기분이 들어 위안이 되기도 했다.

나는 애플의 완벽주의에 대해 생각할 때마다 성경의 한 구절을 떠올린다. "철이 철을 날카롭게 하는 것 같이."(잠언 27장) 나는 이러한 기업 문화가 스티브 잡스로부터 비롯되었다고 생각한다. 구상한 제품은 반드시 구현했던 그의 불같은 열정과 최고가 아니면 용납하지 않았던 그의 집념이 애플의 모토가 된 게 아닐까. 많은 사람이 궁금해하지만, 정작 놓치고 마는 일류기업의 비밀은 기업의 리더가 가진 열정과 집념이 아닐까 생각한다. 애플에서 일한 경험 덕분에 나는 이 비밀을 알게 되었다.

# 밟느냐 밟히느냐

인간은 정치적 동물이다. 그래서 조직이 형성되면 자신의 이익과 영향력을 극대화하려고 주도권 다툼을 벌이곤 한다. 기업에서도 마찬가지다. 다만 내 경험상으로 애플에서만큼 주도권 다툼이 치열한 곳을 본 적이 없다. 내 이익과 영향력을 확장할 방법은 간단하다. 다른 사람을 형편없게 보이도록 만들면 된다. 이 말을 바꿔서 이해하면, 누군가가 나를 형편없게 보이도록 질문하거나 그런 상황을 만들 수 있다. 따라서 조직에서 방심은 금물이다. 언제 어디서나 레이더를 높이 세우고 정신을 바짝 차려야 한다.

앞에서 소개한 대로 내가 속해 있던 신뢰성 조직은 애플의 모든 제품이 우수한 신뢰성을 담보하도록 백업한다. 개발 과정 중에 신뢰성 평가 불량이 발생하면 엔지니어링팀과 부품 공급업체를 압박해 불량의 명확한 원인과 그에 따른 확실한 시정 조치를 내놓아야 한다. 그렇지 않으면 개발 중에 생긴 문제가 양산 중에 다시 발견되고, 결국 소비자가 가장 큰 피해를 겪게 된다.

신뢰성 평가에서 발생하는 불량은 불량률과 그 심각성, 원인분석과 해결책의 완성도에 따라 높은 단계 위험(빨간색), 중간 단계 위험(주황색), 낮은 단계 위험(노란색)으로 분류된다. 일단 고위험군으로 분류되면 디렉터와 부사장 보고회의에서 반드시 해결해야 할 특별한 문제로 언급되기에, 업무담당자는 발등에 불이 떨어지게 된다. 그래서 신뢰성 평가 불량의 원인이 무엇이며 누가 해결해야 하는지를 놓고 팀들 간에 치열한 논쟁이 벌어지고 이해관계가 부딪힌다.

신뢰성 평가 불량을 놓고 벌어지는 첫 번째 논쟁은 과연 이것이 불량인지 아닌지를 판단하는 것이다. 왜냐하면 기준을 어떻게 정의하느냐에 따라 (같은 문제여도) 불량으로 판정할 수도 있고 아닐 수도 있기 때문이다. 엔지니어링팀 입장에서는 불량의 기준이 까다로울수록 일의 범위가 걷잡을 수 없이 커진다. 그래서 그들은 불량 기준이 사용자의 사용환경에 기반한 것인지 문제를 제기한다. 반면 신뢰성 조직 입장에서는 엄격한 기준으로 개발 과정에서 최대한 많은 문제를 발견하고, 엔지니어링팀에서 이를 해결해 주기를 원한다. 그렇게 해서 양산 후 제품에 문제가 없도록 하는 것이 목표이다. 이를 위해 신뢰성 조직은 데이터와 통계적 기법으로 불량의 판단 기준이 논리적으로 완벽하도록 만반의 준비를 한다. 만약 그렇게 하지 못한다면, 한마디로 전투에서 완패하는 것이고 신뢰성 조직의 무능을 증명하는 꼴이 된다.

기준을 정하고 나면, 엔지니어링팀과 제조팀 담당자들이 모여 발생한 신뢰성 평가 불량의 위험도를 어떻게 분류할지 논쟁한다. 엔지니어링팀은 가능하면 낮은 위험군으로 분류해 개발 단계에서 발생한 특정 불량이 큰 문제는 아니라는 점을 상사들에게 어필하려고 한다. 반면 제조팀은 개발 단계 중에 나타나는 모든 잠재적 위험 요소를 엔지니어링팀에서 깨끗이 해결해 주기를 원한다. 당연한 얘기다. 그렇지 않으면 같은 불량이 양산 중에 다시 발생할 것이고, 그럼 제조팀이 모두 책임져야 하기 때문이다. 따라서 제조팀은 신뢰성 평가 불량의 위험도를 가능한 높은 위험군으로 분류해 개발 단계에서 나타나는 모든 문제를 엔지니어링팀이 해결하도록 압박한다.

이렇게 위험 수준을 분류하고 나면, 불량의 원인을 분석한다. 원인이 다양할수록 부서별 논쟁은 더 치열해진다. 더 가능성 있는 원인이 무엇이며 그에 대한 해결책은 무엇인지에 관해 토론한다. 나아가 디렉터와 부사장에게 보고할 슬라이드에 불량의 원인을 어떻게 기술할지, 어떤 단어를 쓸지를 놓고도 논쟁한다. 발표 슬라이드는 윗사람들에게 해당 불량의 원인에 대한 첫인상을 심어주는 자료이기 때문이다. 이건 매우 중요한 업무 중 하나다. 그들의 머릿속에 자리 잡은 인식을 바꾸기는 거의 불가능하기 때문이다.

이렇게 불량의 책임 소재를 놓고 각 팀이 벌이는 논쟁은 살벌하게 진행된다. 서로를 몰아세워 최고의 해결책을 모색하다 보니, 밟히지 않으려면 내가 먼저 밟아야 한다는 생각이 자연스레 든다. 이러한 과정에서 어떤 직원은 낙오되고, 어떤 직원은 새로운 영역을 개척한 드림팀의 일원이 된다. 안타깝지만 논리에 밀려 실책임자도 아닌데 모든 책임을 뒤집어쓰고 물러나거나 강등되는 일도 있다. 애플에서는 공격이 최상의 방어전략인 셈이다.

# 밑천을 드러낼
## 각오가 되었는가?

매니저가 팀원을 평가하는 기준은 다음과 같다. 맡은 업무에 관해 A부터 Z까지 꿰뚫고 있는지, 곳곳에서 발생하는 문제들을 완벽하게 해결하는지, 전쟁 같은 회의에서 자기의 뜻을 관철시키는지 등이다. 그리고 추후에는 이를 바탕으로 자신이 승진할 때 자기 자리를 누구에게 넘길지 결정한다.

그렇다 보니, 애플에서 일하면 매니저로부터 정말 많은 질문을 받는다. 질문이야말로 그 사람의 실력이 어느 정도인지 확인할 수 있는 가장 빠르고 정확한 방법이기 때문이다. 한 예로, 신뢰성 조직의 담당자라면 다음의 내용을 기본으로 알고 있어야 상사의 질문에 바로바로 답할 수 있다. 개발 프로그램 및 공급업체별 신뢰성 평가(디스플레이 신뢰성 평가항목은 수십 가지에 이른다) 현황과 일정, 주요한 불량 위험도와 양태, 불량이 발생한 평가 시점, 불량률, 불량 분석 현황과 결과, 불량의 원인 가설과 개선 조치 현황 및 체크포인트 등이다.

이 중에 수치와 일정은 항상 외워두고 답하는 연습을 하면 차츰 익숙해진다. 가장 어려운 건 특정 가설에 관한 생각을 논리적으로 답해야 할 때이다. 매니저는 시시때때로 개발 프로그램의 특정 이슈에 관해 논의 중인 가설을 언급하며, 여기에 다른 가능성은 없는지, 그것을 검증하려면 어떤 분석 과정을 언제까지 실행해야 하는지 등에 관해 질문한다. 한번 상상해 보라. 카페테리아에 가려고 엘리베이터를 탔는데 우연히 매니저를 만났다. 그런데 그가 나에게 이런 질문을 던진다. "A라는 프로젝트에 이런 이슈가 있던데, 생각하고 있는 가설이 있나? 그걸 증명하려면 어떻게 하면 되지?" 만약 답하지 못한다면, 당신은 당신의 무능함을 증명한 꼴이 된다.

애플에서는 진급할수록 기본으로 파악하고 있어야 할 업무가 매우 많다. 상급자일수록 책임져야 할 개발 프로그램이 많으니 질문의 범위와 수위도 깊다(매니저 역시 디렉터나 부사장으로부터 수시로 질문 받는다). 예를 들어, 매니저라면 자기 팀의 엔지니어들이 진행하고 있는 개발 프로그램에 관해 모두 파악하고 있어야 한다. 그래야 디렉터나 부사장 보고회의에서 그 어떤 질문에도 당황하지 않고 답할 수 있다. 특히 이런 질문 대다수가 회사 전반의 이슈를 두루 파악하고 있어야 대답할 수 있는 것들이어서, 내 조직의 프로젝트 현황만 달달 외고 있다가는 낭패를 볼 수 있다. 애플과 같은 기업에서 매니저급 이상으로 성장하고 싶다면, 다른 부서의 현황과 이슈에 관해서도 꾸준히 팔로업하는 동시에 관련해서 자신만의 논리적인 생각을 가지고 있어야 한다.

애플의 어느 부사장은 상사와 30분간 일대일 회의를 진행하기 위해 최소 세 시간을 준비한다. 그 부사장은 자신이 맡은 업무와 조직을 완전히 장악해 제어하고 있다는 것을 상사에게 증명하기 위해 철저히 준비하는 것이다. 그런데 어떻게 보면 당연한 준비 아닐까? 업무에 관한 상사의 질문에 답하지 못하는 직원에게 어떻게 중책을 맡길 수 있겠는가?

# 싸움닭이 성공한다

K는 자기 부서 일이 아닌데도 언제나 나서서 자기 의견을 말한다. 심지어 자신의 생각을 관철해야 직성이 풀리는 성격의 소유자인 것 같다.

이런 동료와 일하고 싶은지 한번 생각해 보자. 그다음 내가 다니는 회사에서 이런 사람을 직원으로 채용하고 싶어 할지 생각해 보자. 대개는 아니라고 답할 것이다. '나대는 타입이군'이라고 선입견을 가질지도 모른다. 그럼 애플에서는 이런 사람을 어떻게 볼까? 채용하고 싶어 할까? 애플의 직원들은 이런 동료와 일하고 싶어 할까?

애플은 이런 사람과 일하고 싶어 한다. 그들은 자신의 주장을 관철하는 능력을 매우 높이 평가하기 때문이다. 한국의 대다수 기업에서는 논쟁적이고 호전적인 직원을 쌈닭이라고 하거나 쓸데없이 일을 만드는 사람이라고 평가한다. 하지만 애플에서는 이런 직원을 적극적으로 해결책을 찾고 제시하며, 남들이 대충 넘어가는 부분까지 찾아 개선하는 사람이라고 높이 평가한다.

내가 애플에서 겪은 대표적 쌈닭(?)은 제품설계팀에 있었던 인도 출신의 선임 엔지니어였다. 그는 항상 심각한 표정으로 다른 사람의 발표 자료에서 빈틈을 찾아냈다. 반박하기 어려운 타당한 논리로 자신의 주장을 펼치며 상대가 문제를 해결하지 않을 수 없도록 몰아붙였다. 그는 과거 제품개발 과정에서 생긴 문제를 해결한 경험을 언급하며 엔지니어링팀에게 같은 실수를 반복할 거냐며 따지기도 했다. 때로는 제품설계팀의 일이 아닌데도 디스플레이 문제를 부각시켜 다른 담당자를 난처하게 만들기도 했다. 그는 상대의 약점을 물고 늘어질 논리와 타이밍을 잘 포착해 자신의 주장을 관철하는 데 능숙했다.

이 정도까지는 아니더라도 애플에서는 자기 의견을 어필하지 않으면 무시 받기 쉽다. 예를 들어, 다음과 같은 상황을 가

정해 보자. A라는 제품개발 프로그램의 실무담당자들이 모여 금주에 예정된 디렉터 보고회의에서 발표할 주제를 정한다고 해보자. 논의 끝에 주제를 선정하고 나면 프로그램의 현황과 당면한 이슈들을 어떻게 조율해 누가 발표할지를 정한다. 이때, 내 업무가 아니니깐 상관없다는 식으로 수동적인 태도를 보인다면 회의의 뒤치다꺼리만 하게 될 가능성이 크다.

애플에서 살아남으려면 어떤 회의에서든 영향력을 발휘해야 한다. (한국 정서로는 받아들이기 어려울 수 있으나) 동료의 발표 슬라이드에서 허점을 발견해 정곡을 찌르는 질문으로 그의 밑천을 드러나게 한다면 더할 나위 없이 좋다. 이런 지적 때문에 동료를 적으로 만들게 될까 봐 걱정할 필요는 없다. 이것이야말로 애플의 기업 문화이기 때문이다. 도움이 될 만한 지적을 했는데 그것을 개인적인 감정으로 받아들인다면, 오히려 질문을 받은 사람이 모든 회의에서 배제될 수 있다. 동양적인 겸양이나 '침묵이 금'이라는 식의 수동적인 태도를 보이면 바보 취급받기에 십상인 애플에서는 우직한 소보다 노련한 싸움닭으로 움직여야 성공한다. 내 영향력을 키우지 않으면 다른 사람의 영향력에 끌려다니는 자신을 보게 될 것이다.

# 정예부대와 오합지졸을
## 만드는 차이

애플이 세계적 기업이란 명성을 유지하는 이유 중 하나는 사내의 팽팽한 긴장감 때문이 아닐까 생각한다. 내가 경험한 애플의 사내 분위기는 《손자병법孫子兵法》 속 180명의 궁녀 이야기를 떠오르게 한다.

중국 춘추전국시대 오나라의 임금인 오왕 합려吳王 闔閭는 손자의 명성을 확인하려고, 손자에게 궁녀 180명을 내주며 그들을 지휘해 보라고 한다. 군사가 아닌 궁녀를 지휘하게 함으로써 이론과 현실의 차이를 극복하는 그의 임기응변을 보려는 의도였다.

손자는 그들을 두 편으로 나누고 오나라 왕이 총애하는 후궁 두 명을 각 편의 대장으로 삼았다. 그러고는 그들 모두에게 창을 들게 하였다. 손자는 줄을 맞춰 늘어선 180명의 궁녀에게 물었다.

"여러분은 자신들의 가슴, 왼손, 오른손 등을 알고 있는가?"
"알고 있습니다."
"앞으로! 하면 가슴 쪽을 바라보고, 좌로! 하면 왼손을 바라보며, 우로! 하면 오른손을 바라보고, 뒤로! 하면 등 뒤를 보도록 하라."
"알겠습니다."

그런데 실제로 훈련에 들어가자 궁녀들은 두령에 맞춰 움직이지 않았다. 서로 키득거리며 딴전을 피우는 등 장난으로 여겼다. 합려의 예상대로 상황은 한마디로 난장판이었다. 궁녀들은 이런 연출에 익숙한 모습이었다. 밖에서 홀연히 나타난 객장客將을 골려주기 위한 자리라고 생각하고 있었다. 그러자 손자는 군법으로 사람을 죽일 때 쓰는 부월斧鉞을 움켜쥐고 말했다. "군령이 분명하지 않고 또 명령이 숙달되지 않은 것은 장수의 죄이다."

그러고는 다시 여러 차례 군령을 되풀이해 외우도록 하였다. 궁녀들이 완전히 숙지한 것을 확인한 뒤 왼쪽으로 행진하게 하였는데 궁녀들은 여전히 깔깔대었다. 그러자 손자는 "군령이 이미 정확해졌는데도 규정에 따르지 않는 것은 사졸들의 죄이다"라고 하면서 좌우 대장의 목을 베려고 하였다. 좌우 대장은 오왕이 가장 아끼고 사랑하는 여인들이었다. 깜짝 놀란 오왕이 급히 사람을 보내 만류하였다. "과인은 이미 장군이 용병에 뛰어나다는 것을 알았소. 과인은 이 두 후궁이 없으면 밥을 먹어도 단맛을 모르니 부디 목숨만 살려주시오."

손자가 말하였다. "저는 왕명을 받아 장수가 되었습니다. 장수가 군에 있을 때는 왕명이라도 받들지 않는 경우가 있습니다."

손자는 두 여인의 목을 잘라버렸다. 그러자 궁녀들은 살아남기 위해 손자가 명령하는 대로 일사불란하게 움직이기 시작했다. 손자는 한 치의 흔들림 없이 오왕이 내린 과제를 수행한 뒤 전령을 보내 이제 왕이 명령만 내리면 이 궁녀들은 물불을 가리지 않고 적진에 뛰어들 것이라고 호언하였다. 하지만 애첩을 둘이나 잃어버린 왕은 슬픔에 젖어 "장군은 관사로 돌아가 쉬도록 하시오. 과인은 내려가 보고 싶지 않소"라며 물리쳤다.

_《손자병법》 중에서

여기서 흥미로운 것은 궁녀들의 행동이다. 그들은 처음엔 손자의 명령을 장난으로 여겼고, 군령을 완전히 숙지하고도 서로 키득거리며 딴전을 피웠다. 그런데, 얼마 지나지 않아 궁녀들의 행동이 완전히 달라졌다. 손자의 명령에 일사불란하게 움직였고 물불을 가리지 않고 적진에 뛰어들 준비를 했다. 무엇이 궁녀들의 행동을 180도 바꾸어 놓았을까?

내 생각엔 두 가지이다. 첫째, 손자가 자신들에게 바란 기대치가 궁녀 자신들이 생각한 것보다 훨씬 높다는 것을 깨달았기 때문이다. 궁녀는 자신들이 전투를 위해 훈련받는 군인이 아니므로 명령에 적당히 따르는 척하면 괜찮을 것이라고 착각한 것이다. 그런데 훈련의 강도가 높아지자 명령권자인 손자가 자신들에게 원하는 것은 실제 최정예부대가 하듯 명령에 완벽히 따르는 것이란 걸 이해하게 된 것이다.

둘째, 명령권자의 기대에 부응하지 못하면 그에 대한 냉혹한 평가가 즉각적으로 이뤄진다는 걸 확인했기 때문이다. 손자는 궁녀들이 명령에 제대로 따르지 않자, 178명의 궁녀를 대표하는 두 명의 궁녀를 참수했다. 그러고 나서 다시 훈련을

시키자 궁녀들은 섶을 지고 불속에라도 뛰어들 정도로 훈련에 열중했다.

애플 직원들이 딱 이와 같다. 키득거리며 딴전을 피우던 궁녀 같던 사람들도 애플에 입사하고 한두 차례 회의에 참석하고 나면 일사불란하게 움직이는 정예부대의 멤버처럼 바뀐다. 애플은 완벽주의에 미치지 못한 결과를 가져오는 직원들에 대해 가차 없는 평가와 조치를 즉각적으로 취한다. 한 예로, 수십 명의 직원이 참여한 회의에서 상사로부터 질책과 면박을 당하면 저성과자로 낙인찍힌다. 애플에서 이런 식으로 낙인 찍히면 명예를 회복하기란 거의 불가능하다. 이후 개발 프로그램에서 배제되거나 스톡옵션이 축소되고, 심한 경우 강등이나 해고되기도 한다. 심지어 이런 조치들은 즉각적으로 이뤄진다.

같은 개발 프로그램에 참여하며 알게 된 어느 엔지니어의 경우, 그 프로그램을 마치고 좀처럼 마주치는 일이 없어서 부서를 옮겼나 했는데 알고 보니 권고사직을 당한 것이었다. 소식을 접하고 며칠 뒤 그 엔지니어의 매니저와 업무차 회의를 하던 중 그에 관한 이야기가 나왔다. 실무진과의 회의에서 그가 종종 한발 늦게 대응한 탓에 곤란한 적이 많았다고 했다. "모두 전력 질주하는 트랙에서 그 엔지니어만 조금씩 뒤처지는 형국이었습니다. 몇 차례 경고했지만 나아질 기미가 보이질 않더군요. 그래서 그를 해고하고 다른 사람을 채용하기로 했습니다. 소식을 전해 들은 다른 팀원들은 그럴 줄 알았다는 표정을 짓더군요." 이런 사내 분위기 역시 애플의 직원들을 오합지졸이 아닌 군기가 확실히 잡힌 정예부대로 만드는 데 한몫하는 것 같다.

# 원하는 걸 얻으려면
# 물불 가리지 마라

미국에서 박사학위를 받고 일자리를 알아보던 중에 어떤 반도체 회사의 구인 공고에서 재미있는 글귀를 보았다. "지원자는 목표를 달성하기 위해 어떤 일도 마다하지 않을 태도를 지녀야 한다The candidate should have Whatever It Takes Attitude." 엄밀히 말하면 '어떤 일도 마다하지 않을 태도'란 도덕적으로 그른 행동이더라도 목표를 달성하기 위해서라면 할 수 있는 태도를 말하는 것이다.

나는 (당시에도 그랬고 지금도 그렇지만) 이러한 가치관에 전적으로 동의할 순 없지만, 목표를 달성하는 데 필요한 모든 방법과 가능성을 고려할 줄 아는 유연한 태도는 필요하다고 생각한다. 물론 실행하기 전, 그 방법이 정말 옳고 정당한 것인지 판단해야 하는 건 당연하다. 아무튼 나는 이러한 생각을 고수하며 그에 부합한 가치관을 가진 회사에서만 일해왔고, 그런 생각으로 애플에 입사했다. 그런데 겪고 보니 애플이야말로 '어떤 일도 마다하지 않을 태도'를 요구하는 회사였다(다행히 애플은 도덕적인 면에서 어떤 일도 마다하지 않을 태도를 요구하진 않았다).

우선 애플은 직원들이 물불 가리지 않고 밤낮없이 일하기를 원한다. 어떻게 보면, 업무 환경 자체가 그렇기도 하다. 출근해서 퇴근하기까지 회의가 연이어 있어서 온전히 내 업무에만 집중하려면 근무 외 시간을 내야 한다. 게다가 대부분의 부품 공급업체와 조립 공장이 아시아에 있어서 콘퍼런스 콜을 하려면 퇴근 후 저녁 시간에 활용해야 한다. 부품 공급업체와의 콘퍼런스 콜은 안건에 따라 최소 한두 시간 걸린다. 애플의 요구사항을 업체에 전달하고, 업체로부터 개발 과정 현황과 데이터를 업데이트 받는데, 그 과정이 집요하리만큼 철저해서 시간이 오래 걸린다.

한번은 저녁 8시에 시작한 공급업체와의 콘퍼런스 콜이 자정이 되도록 끝나지 않아, 양쪽 모두 신경이 곤두서 분위기가 험악해진 적이 있었다. 결국 어느 쪽도 요구사항을 철회하지 않아, 어쩔 수 없이 다음 날 저녁에 이어서 이야기하기로 하고 콘퍼런스 콜을 마쳤다. 여기서 잠깐! 물불을 가리지 않는 태도란 단지 밤낮없이 일하는 것뿐만 아니라 무리한 요구여도 회사를 위한 것이라면 인정사정없이 거래처를 몰아붙여야 하는 자세를 의미하기도 한다. 그렇지 않으면 디렉터나 부사장 보고회의에서 내가 궁지에 몰린다(회사의 뜻을 관철하지 못했기 때문이다!).

이런 사례도 있다. 디렉터나 부사장 보고회의 전날에는 새벽까지 휴대폰을 붙들고 고민하는 때가 많다. 다음 날 있을 회의를 위해 다른 팀 사람들과 슬라이드 내용을 조율해야 하고, 필요한 데이터가 있다면 상대를 닦달해서라도 받아내야 하기 때문이다. '퇴근 후 저녁 시간에 업무 메시지를 보내면 실례 아닐까?' 하는 생각은 배부른 사치다. 메시지를 보냈는데 답이 없으면 당장 전화를 걸어야 한다. 내게 필요한 자료를 받지 못하면 다음 날 회의에서 나만 바보가 된다.

특히 애플과 같은 글로벌 기업에서 일하면 협업해야 하는 직원들이 세계 곳곳에 있어서 업무 외 시간에 자료를 주고받을 때가 정말 많다. 이때 시차 때문에 회신을 늦게 하거나 새벽에 온 메일을 미처 확인하지 못하고 회의에 참석한다면, 다음 회의에서 내 자리는 사라질지 모른다. 애플에서는 실무담당자부터 매니저, 디렉터까지 그 누구도 "자료를 늦게 받아서…"와 같은 변명이 통하지 않는다. 무조건 결과로 이야기해야 한다. 회사에 필요한 자료를 제때 보고하는 것이 담당자의 '기본' 업무이다.

"피카소는 '유능한 예술가는 모방하고 위대한 예술가는 훔친다'라고 말했습니다. 우리는 훌륭한 아이디어를 훔치는 것을 부끄러워한 적이 없습니다." 어느 다큐멘터리에서 스티브 잡스가 재창조에 관해 이야기하며 꺼낸 말이다. 그의 말을 곱씹어볼 필요가 있다. 그는 남의 생각을 도둑질해도 좋다는 게 아니라 물불을 가리지 않고 다양한 아이디어를 참고해 창의성을 폭발시켜야 한다는 뜻이었다.

1970년대 후반 잡스는 제록스 팔로알토 연구소에서 초기 개발 단계의 사용자 그래픽 인터페이스를 보고, 그것이 컴퓨터의 미래 기술이라고 확신했다. 복잡한 명령어를 입력하는 대신 컴퓨터 화면 속 그래픽 아이콘과 마우스 커서를 이용해 컴퓨터를 사용하는 방법이야말로 컴퓨터 기술이 나아갈 방향이라고 직감했다. 그 즉시 잡스는 물불 가리지 않고, 그 아이디어를 참고해 제록스의 엔지니어들을 영입했다. 반면 제록스는 잡스와 같은 통찰력이 없었던 탓에 이 아이디어를 상품화하는 데 실패했다. 반면 잡스는 여기에 동물적 감각과 세련된

디자인을 가미해 퍼스널 컴퓨터의 혁명을 일으키는 데 일조
했다.

# 3장

# 톱니바퀴처럼
# 빈틈없는 실행력

# 프로그램 매니저
## 조직의 탄생

잡스는 기업이란 고객이 욕구를 느끼기 전에 그들이 무엇을 원하는지 파악해야 한다고 믿었다. 그리고 그 무엇과도 타협하지 않는 열정으로, 탁월한 제품을 만들어야 한다고 말했다. 잡스의 이러한 직관과 열정은 애플을 혁신의 대명사로 만들었지만 그와 동시에 많은 문제를 초래했다. 가령 그는 컴퓨터를 구동하는 맞춤형 칩을 만들 때, 자신이 원하는 대로 기능을 계속 바꾸거나 자신이 필요하다고 생각하는 기능과 디자인만 고집했다.

특히 잡스는 제품의 색깔과 외양을 결정할 때, 완벽한 디자인을 구현하기 위해 극도의 까다로움을 보였다. 매킨토시의 그래픽 인터페이스를 디자인할 때 그는 창과 문서, 화면 등의 상단에 있는 제목 표시줄의 디자인을 수없이 수정했다. 당시 매킨토시팀은 잡스가 만족할 때까지 스무 개가 넘는 제목 표시줄의 디자인을 만들어야 했는데, 그들은 사소한 것에 너무 많은 시간을 허비하고 있다며 불평했다. 애플II의 플라스틱 상자 색깔을 결정할 때는 색상 전문업체가 제시한 2천 가지의 베이지색 중에 잡스가 마음에 들어한 색이 없어서 계속 다른 베이지색을 찾아야 했고, 결국은 주위에서 그를 설득해야 했다.

넥스트NeXT의 컴퓨터 디자인을 결정할 때의 일이다. 잡스는 컴퓨터를 완전한 정육면체 큐브 모양으로 만들기를 원했다(각 모서리는 정확히 30.84센티미터, 모든 면의 각도는 90도여야 했다). 이를 위해 직사각형 모양의 회로 기판을 정사각형에 맞추기 위해 틀을 재설정해야 했다. 주형을 이용해 만드는 부품은 주형과 분리하기 쉽도록 옆면과 밑면의 각도를 90도보다 약간 크게 해야 했다. 이를 위해 65만 달러짜리 주형을 이용해 상자의 측면을 별도로 제작했고, 주형 때문에 생긴 기스를 없애기 위해 15만 달러짜리 사포 연마기를 구입해야 했다. 그의 사전에 타협은 없었기에 이미 확정된 제작비는 자주 변동되었고, 예상하지 못한 위험성 문제도 빈번히 발생할 뿐 아니라 제품 출시일 또한 미뤄지기 일쑤였다.

결국 이러한 일에 대처하기 위해 애플에서는 프로그램 매니저란 조직을 만들었다. 이 조직은 개발 프로그램 과정 및 일정을 효율적으로 관리해 비용 및 출시일에 변동이 생기지 않도록 백업하는 역할을 한다. (제품개발 중에 비용이 많이 늘어나거나 제품 출시일이 미뤄지는 일은 비단 애플만의 일은 아니지만) 제품개발 과정에 예상치 못한 일이 자주 발생해 비용이 늘고, 출시일이 미뤄지면 브랜드 이미지는 큰 타격을 입는다. 따라서 개발 프로그램의 진행 일정과 비용을 빈틈없이 관리하는 부서가 반드시 있어야 한다. 그래서 애플뿐 아니라 실리콘밸리의 여러 기술기업이 프로그램 매니저 조직을 운영하고 있다. 가령 애플에서는 디스플레이 개발을 위한 코어팀에 프로그램 매니저와 디스플레이의 각 기술 파트 엔지니어를 배치한다. 구성원은 열다섯 명 정도로 구동 회로, 광학, 칩, 유기발광다이오드, 모듈 공정, 전기전자, 재료 설계, 신뢰성 평가 등을 맡는 각 실무담당자가 포함된다.

여기서 프로그램 매니저는 엔지니어링팀, 제품설계팀 및 제조팀과 긴밀하게 협업하여 개발 일정, 프로그램 진행 상황을 조율하고, 부품 공급업체와의 소통을 비롯해 비용 및 현안을 관리한다. 내가 생각하기에 프로그램 매니저가 갖춰야 할 가장 기본적인 자질은 소통력과 꼼꼼함이다. 기분대로 일을 처리하거나 덤벙거리는 사람이라면, 긴박한 상황에서 중요한 이슈들을 논의하고 처리해야 하는 가운데 담당자들과 말다툼이나 하고 있을 가능성이 크다. 그렇게 시간을 지체해 한 이슈라도 놓치면 그 파장은 어마어마하다.

# 쉴 새 없이 돌아가는
# 톱니바퀴

외견상으로 봤을 때, 애플의 제품개발 과정 자체는 다른 회사와 크게 다르지 않다. 우선 아이디어 검증 단계에서는 신제품의 기능 및 디자인을 구현하기 위해 여러 기술 방안을 적용한다. 그 기술을 바탕으로 생산수율을 높이고 대량생산할 수 있는 능력을 점검한다. 기술적인 문제가 해결되고 공급업체의 능력이 검증되면 양산이 승인되는데 이것을 오케이 투 램프OK2Ramp라고 부른다. 말 그대로 생산 물량을 올려서Ramp 개시해도 좋다는OK 뜻이다. 다른 점이 있다면, 일반 회사에서는 수년에 걸쳐 진행하는 개발을 애플에서는 불과 1년 안에 완료한다는 점이다. 이렇게 혹독한 일정으로 애플은 매년 신제품을 출시한다. 어떻게 이런 일이 가능할까?

애플 직원들은 다른 회사에서는 찾아보기 힘들 정도로 효율적으로 협업하며 빠르고 빈틈없이 의사 결정을 하기 때문이다. 애플은 수십 년 동안 거침없는 개발과 대량생산의 사이클을 거치면서 다양한 시행착오를 거쳤다. 그리고 이를 교훈 삼아 효율적인 부품 공급망을 구축했으며 기능별 전문가 조직을 양성했다. 매년 새 모델의 아이폰을 출시하고, 1억 대 이상을 양산하는 능력이 하루아침에 생긴 게 아니다. 그래서 애플은 마치 정교하게 굴러가는 톱니바퀴처럼 보인다.

다만, 이 톱니바퀴가 아주 빠른 속도로 쉴 새 없이 돌아가기 때문에 매사 정신을 바짝 차려야 한다. 예를 들어, 회의 중에 잠깐이라도 딴생각을 하면, 나도 모르는 사이에 결론이 나 있다. 그룹채팅방에서도 마찬가지다. 신경을 곤두세우고 대화의 흐름을 따라가지 않으면, 내 업무가 아닌데 내가 해결해야하는 일로 결정되어 버린다. 그래서 몸이 아파도 약 기운에 정신이 몽롱해질까 봐 약을 먹지 않고 회의에 참석하는 직원들도 있다.

이렇게 쉴 새 없이 돌아가는 톱니바퀴의 세계에서 내가 가장 힘들었던 건 체력적인 부분이었다. 근무 시간에는 연이어진 회의, 퇴근 후에는 세계 곳곳에 있는 거래처 사람들과의 콘퍼런스 콜, 새벽에는 데이디 분식과 자료 만들기…. 그러다 보니 수면 시간이 턱없이 부족했고, 체력적으로 한계에 부딪혔다. 어느 날은 의자에서 일어나는데 현기증이 나기도 했다. 이렇게는 안 되겠다 싶어, 평생 운동은 해본 적도 없던 내가 출근하기 전 회사에 있는 헬스장에 들러 꼭 30분씩 운동을 하는 습관을 만들었다.

# 인력 효율의 극대화

〈포브스*Forbes*〉에 따르면 코로나19 팬데믹 기간에 메타는 94%, 구글은 57%, 마이크로소프트는 53% 등으로 직원을 늘린 반면, 애플은 20%만 늘렸다고 한다. 이후 2022~2023년에는 이자율의 상승과 경기의 하강으로 메타, 구글, 마이크로소프트, 아마존 등이 수만 명의 직원을 해고했다. 반면 애플은 단 한 명도 해고하지 않았다.

애플에서 이렇게 보수적으로 인력을 채용하는 이유는 무엇일까? 기업에서 가용한 자원으로 최고의 효율을 내려는 것이다. 애플의 경영진은 직원이 많다고 해서 일이 더 효율적으로 진행되는 게 아니라는 걸 알고 있다. 그들은 일의 효율과 생산성을 끌어올리기 위해 인력을 투입하기보다 현재 있는 인력을 완전히 가동하는 데 초점을 맞춘다. 〈인사이더 *Insider*〉에 따르면 애플의 직원 한 명이 창출하는 매출액은 2022년 기준 240만 달러(한화로 약 33억 원)로 다른 기술기업에 비해 월등히 높다(구글과 메타는 약 150만 달러, 마이크로소프트는 약 94만 달러였다).

비핸스 창립자인 스콧 벨스키 *Scott Belsky*는 저서 《그들의 생각은 어떻게 실현됐을까》에서 제약 조건이 오히려 우리의 에너지를 관리하고 창의적인 아이디어를 실행하는 데 도움을 준다고 말한다. 즉, 가용자원이 제한적일 때 오히려 생산성을 발휘하게 되고, 자원을 더 효율적으로 활용할 방법을 찾게 된다는 것이다. 세계적인 무용가이자 안무가인 트와일라 타프 *Twyla Tharp*는 《천재들의 창조적인 습관》에서 결핍이 없으면 영감이 생길 수 없다고 말했다. 시간과 자원이 부족하면 긴급성을 깨닫고 열정을 키울 수 있지만, 시간과 자원이 충분하면 오히려 게으름과 자만에 빠지게 된다는 것이다. 투와일라 타프는 신이 어떤 사람을 실패하도록 만들려고 한다면 그 사람에게 자원을 무제한으로 주는 것일 거라고 말한다.

우리는 종종 한 시간 만에 끝낼 수 있는 일도, 하루라는 시간적 여유가 생기면 온종일 붙들고 있다. 어떤 일을 맡으면, 그 일을 완료하는 데 필요한 시간이 아니라 주어진 시간이 얼마나 되는지부터 생각한다. 이런 심리적 현상을 분석한 영국의 행정학자 파킨슨<sup>Parkinson</sup>은 '업무를 마치는 데 걸리는 시간은 주어진 시간이 많을수록 오히려 늘어난다'라는 파킨슨 법칙을 만들기도 했다.

그의 이론에 따르면, 기업 차원에서 많은 인력과 충분한 시간은 오히려 독이 될 수 있다. 실리콘밸리의 한 기술기업은 팬데믹 시기에 신사업 진출을 목표로 많은 인력을 채용했으나 정작 늘어난 가용 인력을 적절히 활용하지 못해 결국 효율이 떨어져 그해 신사업 진출에 실패했다. 애플에서는 상상도 할 수 없는 일이다.

# 리뷰가 나를 미치게 한다

한국에서 대학원 석사 과정을 마친 나는 바로 취업에 성공해 반도체 대기업의 공정 개발 분야에서 일할 수 있었다. 그렇게 5년 동안 남들과 다를 바 없이 직장생활을 하던 중, 내 분야를 좀 더 깊이 공부하고 싶은 마음에 미국 유학길에 오르게 되었다.

당시 내 지도교수의 실험실에서는 다양한 연구가 진행되고 있어서 도울 일이 많았는데, 한날은 실험실에 가니 화이트보드에 이런 문구가 적혀 있었다. '리뷰가 나를 미치게 한다Review drives me crazy.' 무슨 뜻인지 궁금해 실험실에 있던 친구들에게 물어보았다. "연구비를 지원해 주는 기관에 6개월마다 연구실

적을 리뷰해야 하는데, 그때 찾아보고 읽어보고 검토해야 할 자료가 정말 많거든. 심지어 그걸 보기 좋게 정리해야 돼. 그래서 리뷰가 우리를 미치도록 짜증나게 만든다는 거지."

당시엔 그 말이 꽤 인상적이어서 한동안 기억하고 있었다. 이후 박사 과정을 마치고 그 말을 까맣게 잊고 지내다 불쑥 떠올린 건 애플에 들어갔을 때였다. 대학원과 여러 직장을 거치면서 연구결과를 분석하고 그 결과를 슬라이드 만들어 발표하는 일에 이골이 난 상태였지만, 그런 나에게도 애플에서의 보고회의는 정말 괴로웠다.

애플에 입사하고 처음으로 참석한 엔지니어링팀 부사장 주간보고회의에서였다. 스무 명 정도 들어갈 수 있는 회의실의 맨 앞자리에는 언뜻 보기에도 높은 사람인 듯 보이는 부사장이 앉아 있었다. 그 옆으로 디렉터들과 매니저들이 앉아 있었고, 뒤편에는 수십 명의 엔지니어가 발 디딜 틈도 없이 빽빽이 서 있었다. 발표순서에 따라 기계적으로 한 명씩 앞으로 나와 발표했다. 마치 잘 짜인 쇼를 보는 듯했다. 그렇게 하나의 프로그램 보고가 끝나면, 뒤에 빽빽이 서 있던 엔지니어들이 우르르 회의실 밖으로 나갔고, 그다음 프로그램의 엔지니어들이 우르르 들어와 부사장 앞에서 보고를 이어갔다.

이 외에도 애플에서는 매주 신뢰성 평가 보고, 공급업체와의 콘퍼런스 콜, 신뢰성 조직 보고, 코어팀 보고, 엔지니어링 디렉터 주간보고 등 여러 회의가 진행된다. 게다가 각 회의에 앞서 사전 회의 또한 필히 이뤄지니 매주 최소 열 개 이상의 회의가 있다.

심지어 이 모든 회의를 철저히 준비해야 한다. 상사의 사고방식과 논리를 염두에 두고, 그들이 질문할 것으로 예상되는 안건의 리스트를 뽑아 그에 맞는 답을 만들어야 한다. 이때 대부분 실무담당자가 숲을 보는 대신 나무에 집중하는데, 숲도 볼 줄 알아야 한다. 이를테면 현재 거론되는 문제로 인해 다른 개발 프로그램의 일정에 차질이 생기진 않을지 살펴봐야 한다. 또한 타 부서 사람이 회의 내용을 쉽게 이해할 수 있도록 별도의 백업 슬라이드를 준비해야 한다. 이런 전략적 대비 없이는 애플에서 살아남기 어렵다.

가령 개발 과정에서 발생한 어떤 문제를 보고한다면, 회의 전 다음의 내용을 꼼꼼히 준비해야 한다. 우선, 슬라이드에 문제를 명확히 기술해야 한다. 대부분 직원이 문제를 정의하지 않은 채 무작정 해답만 찾으려고 한다. 무엇이 문제인지 모르면 적절한 해결책을 찾을 수 없는데도 말이다. 만약 문제를 분명하게 서술했다면, 그다음은 문제의 양상을 기술할 차례이다. 그러고 나서 현재 상황, 예상 결과 등에 관해 서술한

다. 이때 앞서 한 조언대로 디렉터나 부사장의 성향을 파악해
평소 그들이 자주 묻는 내용을 토대로 대응책을 만들어 두는
것도 필요하다.

경력이 오래된 실무담당자들은 이런 부분을 귀신같이 찾아
내 지적한다. 애플에 입사한 지 얼마 되지 않아 부사장 보고
회의를 준비하라는 지시를 받고, 코어팀을 소집해 신뢰성 평
가 불량의 현황과 해결방안을 슬라이드로 정리한 적이 있다.
신뢰성 조직 내에서 여러 차례 리허설을 하며 디렉터와 매니
저, 팀 동료들에게 피드백을 받았다. 그중 부사장의 성향을
아주 잘 알고 있던 한 엔지니어가 내게 여러 가지 조언을 해
주었다.

먼저, 신뢰성 평가 불량을 기술할 때 부사장이 싫어하는 특
정 단어를 절대 사용하지 말라고 했다. 그런데 하필 내 슬라
이드에 그 단어가 포함돼 있었고 ('핸들링<sup>handling</sup>'이란 단어로, 신
뢰성 샘플을 다룰 때 생길 수 있는 불량의 원인을 뜻한다) 꼭 다른
단어로 교체하라고 조언해 주었다. 또한 보통 신뢰성 평가 불
량 중에 위험도가 높은 것만 골라서 발표하지만, 전체 불량
목록 역시 준비해 두라는 조언도 해주었다. 그 부사장은 의심
이 많아서 (혹시나 보고하지 않은 불량이 있을까 봐) 전체 불량
목록을 종종 물어보기도 한다는 것이었다.

드디어 발표날이 되었다. 부사장과 디렉터, 시니어 매니저들 앞에서 개발 중인 제품의 신뢰성 현황 보고를 시작했다. 그런데 아니나 다를까 부사장은 나에게 불량 목록 중 보고하지 않은 건 없는지 묻기 시작했다. 순간 당황했지만 동료의 조언대로 미리 준비해 둔 전체 불량 목록 슬라이드를 보여주며 무사히 넘어갈 수 있었다. 발표 전 피드백을 받지 않았다면 큰일을 치를 뻔했다.

직급을 불문하고 회사에서 회의를 기다리는 직원은 없다. 그러나 '회의는 매우 귀찮은 일'이라고 보는 태도는 위험하다. 회의란 내 실력을 공공연하게 증명할 수 있는 자리이기 때문이다. 그런 자리에서 조금이라도 미숙한 모습을 보인다면, 그 이미지를 회복하는 데 정말 많은 노력을 기울여야 한다(애플에서는 만회할 기회마저 얻기 어렵다).

애플의 일잘러들은 모두 회의에 적극적이었다. 그들은 하나같이 회의를 자신의 목적을 달성할 수단으로 보았고, 그래서 완벽히 준비하고서 회의에 참석했다. 신랄한 이야기가 오가는 분위기 때문에 회의를 두려워했던 나는 그들의 모습을 참고하면서부터 좀 더 적극적으로 회의에 참여할 수 있게 되었다. 만약 회의를 불편한 업무라고 생각하고 있다면, 회의를 통해 내가 얻을 수 있는 게 무엇인지 한번 생각해 보길 권한

다. 만약 얻을 수 있는 게 아무것도 없다면 일하는 곳을 옮겨
야 할 때인지도 모른다.

# 애플식 슬라이드 작성법

애플에 입사하면 회사에서 지급하는 맥북 컴퓨터를 쓰게 되는데, 이때 슬라이드를 만들 때는 파워포인트와 비슷한 기능인 맥북 컴퓨터 프로그램 '키노트<sup>Keynote</sup>'를 사용한다. 눈 감고도 슬라이드를 만들 수 있는 경지에 오른 실무 엔지니어들은 자기 전공이 재료 공학이나 기계가 아닌 키노트 공학이라고 농담 삼아 말하기도 한다. 재밌는 건 애플에서 일한 경험이 있는 사람과 그렇지 않은 사람이 만든 슬라이드에 분명한 차이가 있다는 점이다. 심지어 다른 회사에서 어떤 직원이 제출한 슬라이드만 보고, 그가 애플 경력자인지 아닌지를 맞출 수도 있다. 대체 어떤 차이가 있는 걸까? 그들이 만든 슬라이드에는 핵심 메시지, 도표, 색깔이 있다.

우선, 애플 직원이 만든 슬라이드에는 발표자가 전하려는 메시지와 목표가 분명히 표현돼 있다. 와튼 스쿨 MBA 교수인 스튜어트 다이아몬드 Stuart Diamond는 저서 《어떻게 원하는 것을 얻는가》에서 회의에 참석하기 전, 이 회의를 통해 자신이 얻고자 하는 게 무엇인지 자문해 보라고 말한다. 바로, 이 자문 행위를 애플 직원들은 꼭 한다. '당연한 소리 아니야?'라고 하는 사람도 있을 것이다. 그런데 대부분 사람이 회의를 통해 자신이 얻고자 하는 게 무엇인지 모른 채 회의에 참석한다. 그렇다 보니, 발표 자료에는 의미 없는 정보만 가득하다.

둘째, 애플 직원이 만든 슬라이드는 실무자가 아닌 사람이 보더라도 쉽게 이해할 수 있다. (첫 번째 요인의 연장선으로) 발표 목적이 뚜렷하다면 그 발표를 뒷받침하는 자료인 슬라이드 내용 역시 간결하고 명확할 수밖에 없기 때문이다. 만약 슬라이드 내용이 복잡해 디렉터나 부사장이 그 내용을 한 번에 이해하지 못한다면, 발표자는 해당 회의에서 아무것도 얻지 못할 것이다. 그들은 한 슬라이드에 1분 이상 주의를 기울이지 않는다.

이때 도움이 될만한 슬라이드 작성팁이 있다. 먼저, 내용을 두괄식으로 꾸린다. 그럼 상관의 이목을 좀 더 쉽게 끌 수 있다. 그림이나 도식, 개념도를 슬라이드에 활용하는 것도 영리한 방법이다. 중요한 내용을 일목요연하게 보여줄 수 있을 뿐만 아니라 미학적으로도 보기 좋기 때문이다. 사진을 싣는다면 꼭 해상도를 확인해 최고화질만 사용하고, 표를 넣는다면 표 제목을 명확하게 적어야 한다. 다시 한번 말하지만, 보고를 받는 윗사람이 발표자의 자료를 이해하는 데 시간이 걸린다면 이건 전적으로 발표자의 책임이다.

여기에 색을 활용할 줄 알면, 센스 있는 사람이다. 예를 들어, 어떤 사안의 결정을 내리는 회의에서 고려사항의 장단점을 표로 기술한 다음 색(빨강, 오렌지, 노랑, 초록)으로 중요도를 구분한다면 한눈에 볼 수 있다.

마지막으로 슬라이드에 활용된 서체, 표의 선 굵기를 활용할 줄 안다면 경지에 오른 사람이다. 메시지 외에 디자인적 요소까지 신경 쓰고 있다는 의미이기 때문이다. 참고로 나는 도표 선은 검은색이 아닌 엷은 회색으로 하고 꼭 필요한 선만 남긴다. 내용이 먼저 눈에 들어오도록 유도하기 위해서이다. 도표 안을 채우는 색 역시 강렬한 원색보다는 은은하고 세련된 파스텔톤을 써서 사람들이 메시지에 더 집중하도록 만든다.

우리는 흔히 발표 자료를 만들 때, 내가 알고 있는 내용은 상대방도 알고 있을 거라고 생각한다. 그런데 이런 추측은 매우 경솔한 태도이다. 발표 자료는 최대한 쉽고 직관적인 내용으로 만들어야 한다. 그래야 내가 전하려는 메시지를 효과적으로 전달할 수 있다. 다이아몬드 교수는 "경쟁력competitiveness이란 자신의 목표를 달성할 수 있는 능력ability"이라고 정의했다. 슬라이드 한 장으로 자신의 목표를 관철한다면 경쟁력을 갖춘 셈이다.

# 슬라이드 한 장에
# 목숨을 걸어라

애플에서는 아무리 복잡한 주제를 발표하더라도 그 내용을 슬라이드 한 장에 담아야 한다. 그래서 애플 직원들은 발표 자료를 '원 페이저one-pager'라고 부르기도 한다. 담당자가 발표 내용을 원 페이저로 만들지 못한다면, 자기 업무를 완전히 숙지하지 못했을 뿐 아니라 다른 팀과 사전에 충분히 논의하지 않은 것으로 평가된다.

한 예로, 어떤 엔지니어는 2주 동안 다섯 차례의 시전 회의를 거치고 나서야 스무 장이 넘는 슬라이드를 원 페이저로 만들 수 있었다. 그는 동료들과 매니저의 피드백을 바탕으로 회의 때 꼭 전달해야 할 핵심 메시지를 추려낸 것이다. 그가 그렇게 열과 성의를 다해 준비한 자료를 실제 발표한 시간은 3분도 채 되지 않았지만, 부사장은 매우 흡족해했다(핵심 메시지를 전달하는 데 3분이면 충분했던 거다).

최근 여러 기업에서 발표 자료를 원 페이저로 요구하고 있다. 한 장의 문서로 승부하는 자가 결국 전쟁터에서 살아남기 때문이다. 애플에서의 경험을 돌이켜보면, 발표 자료를 잘 만드는 사람은 100% 일잘러였다. 그들에게는 복잡하고 산만한 슬라이드 내용을 간단명료하게 만드는 기술이 있었다. 그들은 핵심 정보를 바탕으로 목표를 설정해 그것을 가장 효과적으로 전달하는 방법을 알았다.

그들의 기술 중 꼭 언급하고 싶은 것이 있는데, 바로 색 활용이다. 예를 들어, 색에 따라 위험도를 구분하는 것이다. 빨간색은 고위험도, 주황색은 중간 고위험도, 노란색은 중간 위험도, 초록색은 낮은 위험도 이렇게 말이다(애플에서는 이것을 가리켜 컬러 코드라고 부르기도 한다). 중요도나 위험도에 따라 색을 구분하면, 1분 남짓 발표하더라도 자료의 핵심 메시지를 정확하게 전달할 수 있다.

다만 어떤 색을 활용할 것인지는 신중히 생각해야 한다. 한번은 부사장 보고회의를 위해 코어팀과 사전 회의를 할 때였다. 한 엔지니어가 원 페이저에 도식을 넣고, 그 내용을 더 잘 보이게 하려고 빨간색을 활용했다. 발표는 위험도를 알리기 위한 것이 아니었는데도 말이다.

그 슬라이드를 본 엔지니어들은 바로 지적했다. "어떤 이유로든 원 페이저에 빨간색은 사용하지 마세요." 특별한 이유 없이 빨간색이나 주황색을 사용하면, 자칫 해당 이슈가 고위험군으로 오해받을 수 있어서다. 이건 발표자뿐 아니라 유관 부서에도 좋지 않은 영향을 준다. 왜냐하면 상사에게 해당 이슈가 고위험군으로 인식되면, 상사는 매번 이 이슈에 대해 극도의 예민함을 보이며 쉴 새 없이 질문할 게 뻔하기 때문이다. 그래서 애플 직원들은 원 페이저에 빨간색을 활용할 때 신중에 신중을 기한다. 이 외에 내가 원 페이저를 만들 때 기본적으로 체크하는 사항은 다음과 같다.

① 핵심 메시지: 간결하고 분명한가? 한눈에 잘 보이는가?

② 제시한 데이터와 해석: 핵심 메시지와 일맥상통하는가? 어긋나거나 혼란을 야기할 여지는 없는가?

③ 문제의 기술: 문제의 정의, 양태, 불량률, 원인 가설, 불량 분석 현황과 결론, 다음 단계와 체크포인트가 간결하고 명확하게 기술되어 있는가? 컬러 코드가 문제의 위험도에 따라 분류되어 있는가?

④ 슬라이드의 구성: 도표, 그래프, 사진이 핵심 메시지를 뒷
받침하는가? 불필요한 단어는 모두 제거했는가?

⑤ 색깔과 서체: 색깔은 연한 회색이나 파스텔 계열의 파랑
색 혹은 초록색 위주로 두세 가지만 사용했는가? 서체는
한 종류로 통일하고, 크기는 11~12pt 이상으로 했는가?

# 정리되지 않은 문제의 기술

- 모듈 테스트 C 진행 중 D 스텝에서 불량 A가 발생했다.

- 총 100개의 샘플 중 15개에서 불량이 나타났다.

- 불량 분석 결과, 모듈의 단면에 손상된 브릿지가 보이고, 압력 테스트에서 온도 변화가 없는 것으로 확인되었다.

- 원인은 고압으로 인한 모듈 손상으로 보인다.

- 시정 조치는 고준위 테스트를 적용하고, 저압의 해결책을 만들어 중간단위를 보여준다. 이 조치들은 4월 15, 17, 19일경에 마무리할 예정이다.

- 기존 조건: 모듈 A-C는 저온, 모듈 D-E는 고압에서 적용해 불안정한 것이 보였다.

- 새로운 조건: 모듈 A-C는 고온, 모듈 D-E는 저압에서 적용해 규격 조건을 맞추었다.

- 업무담당자는 박지수이다.

**애플의 원 페이지**

- 핵심 사항: 테스트 C에서 발생한 불량 A 원인 규명 완료. 시정 조치 4월 19일 완료 예정.

| 이슈 | 세부 사항 | 현재 상황 | 다음 단계 | 담당자 |
|---|---|---|---|---|
| 불량 A | 낮은 단계 위험 | 양상: 모듈 순상으로 불량 A 발생<br>불량률: 5%(15F/100)<br>@ 테스트 C, 스텝 D | 불량 분석<br>• 모듈 단면: 브릿지 순상 보임<br>• 고압 테스트: 온도 변화 없음<br>근본 원인: 고압으로 인한 모듈 순상 | 시정 조치<br>• 고준위 테스트 (4/15 완료)<br>• 차압 해결책 (4/17 완료)<br>• 중간 단위 테스트 확인 (4/19 완료) | 박지수 |

**기존 조건**

그래프, 도표, 혹은 사진

- 모듈 A-C: 저온 조건
- 모듈 D-E: 고압 조건
- 기존 조건에서는 불안정성 확인

시정 조치 →

**새 조건 테스트 결과**

그래프, 도표, 혹은 사진

- 모듈 A-C: 고압 조건
- 모듈 D-E: 저온 조건
- 새로운 결과는 규격 조건 충족

# 적극적으로 나대라

발표가 매번 힘든 이유는 나의 능력을 입증해야 하는 시험 대이기 때문이다. 반대로 이야기하면 내 업무를 완전히 장악해 그 어떤 질문에도 대답할 준비를 갖춘다면, 승승장구할 것이다. 애플의 한 동료는 발표 수준만 봐도 그 사람이 보너스를 받을지, 승진할지 예상할 수 있다고 했다. 그만큼 발표는 상사에게 내 능력을 어필할 수 있는 기회가 된다(이건 애플에서 특히 필요한 자질이다). 우리는 흔히 이런 행동을 '나댄다'라고 표현하기도 한다. 하지만 난 다르게 생각한다. 눈치 보며 수동적으로 반응하는 사람보다 적극적으로 자기 생각을 밝히고, 더 좋은 결과를 만들어 자신의 능력을 어필하는 사람이 회사 차원에서 훨씬 바람직하다. 애플에서도 이런 사람이 인정받는다.

애플에 입사하고 6개월이 채 지나기도 전에 같은 팀에서 두 명이 퇴사해 그들의 업무를 도맡아야 했다. 새로운 환경에 적응하기도 힘든데 도움은커녕 더해진 업무로 스트레스가 이만저만 아니었다. 하지만 그대로 침몰할 수는 없었다. 나는 마음을 다잡고 이 어려움을 기회로 삼기로 했다. 상사에게 내 능력과 열정을 보여줄 절호의 기회로 말이다.

팀을 떠난 동료들이 진행하던 프로그램을 내가 맡으면서, 조금이라도 빈틈이 생기지 않도록 잠을 줄여가며 발표 준비에 공을 들였다. 경험이 많은 선임 엔지니어에게 미리 자료를 공유해 피드백을 받았고, 강조해야 할 핵심 메시지가 분명한지 재차 물었다. 디스플레이 코어팀 동료들을 밤낮으로 따라다니며 그들의 피드백도 받아 백업 슬라이드도 빈틈없이 만들었다. 혼자 있을 땐 머릿속으로 슬라이드를 그려가며 발표 연습을 했고, 예상 질문에 대한 답도 준비했다. 고되기는 했지만 회사에 수동적으로 끌려다니며 일하기보다 능동적으로 일을 주도하고 싶었다. 덕분에 단시간에 여러 시행착오를 거치며 애플에 빨리 적응할 수 있었다. 나의 이런 적극성에 매니저와 디렉터는 감동했고, 내가 처음 맡아 진행했던 오케이 투 램프가 승인되던 날 특별 보너스도 받았다. 동료들은 나처럼 애플에 빨리 적응한 사람은 보지 못했다며 혀를 내둘렀다.

또 다른 예로, 신뢰성 조직의 한 동료는 회의 때마다 문제의 핵심을 잘 짚을 뿐만 아니라 해결방안 역시 적절하게 제시한다는 인상을 주었는데 부사장 역시 같은 평가를 하고 있었다(몇 달 뒤 그는 고속 승진을 했다). 이렇게 윗사람에게 발표할 기회를 잘 살려 본인의 능력을 입증하는 사람, 소위 '나대는' 사람이 애플에서 인정받을 수 있다.

# 4장

# 숨기고
# 또 숨겨라

# 세상을 바꾸는 의미 있는 일

애플에서 동료들과 자주 했던 말이 있다. "엔지니어가 고생하면 소비자는 감동하지만, 엔지니어가 편하게 일하면 소비자는 실망하고 결국 애플을 떠난다." 이처럼 애플 직원들은 자사 제품에 대한 자부심이 엄청나다. 그 배경에는 스티브 잡스가 있다. 탁월한 제품을 향한 불같은 그의 열정은 직원들에게 특별한 사명감을 심어 주었고, 이것은 일하는 동기와 자부심으로 이어졌다. '내가 만든 제품이 세상을 바꾸고, 수억 명의 소비자를 감동케 한다'란 보람으로 혹독한 업무량과 무자비한 완벽주의를 견디는 것이다.

애플에서 신제품이 출시되는 날 오전에는 모든 회의가 취

소된다. 회의실마다 케이크와 음료가 준비되어 있는데, 그곳에 직원들이 삼삼오오 모여 생중계되는 제품 발표회를 보며 서로의 노고와 성과를 축하한다. 평소의 살얼음 같은 분위기는 온데간데없다. 신제품 개발에 참여한 직원 모두 소리를 지르고 환호한다.

나는 입사하자마자 바로 아이폰 11 개발 프로그램에 투입되었다. 돌이켜보면 시간이 어떻게 흘렀는지 기억나지 않을 정도로 일에만 매달려 지냈다. 그다음 해에 아이폰 11이 세상에 처음 소개되었을 때, 나는 함께 고생했던 동료들과 하이파이브를 주고받았다. 물론 이전에 다녔던 회사에서도 여러 제품을 개발하며 기술이 상품화되는 것을 경험했지만, 애플에서의 경험은 정말 특별했다. 다른 기업에서는 몇 년에 걸쳐 진행하는 일을 1년 만에 해내야 하는 만큼 지독하게 힘들고 고되었지만, 그 모든 게 단번에 보상받는 느낌이었고, 형언할 수 없는 자부심과 짜릿함이 마음속에서 피어올랐다.

애플에서 신제품이 출시되면, 직원 중에 개인 SNS를 통해 자신이 해당 제품의 개발이나 제조에 참여했다고 알리는 경우도 있다. 그들은 자기가 만든 제품이 세상에 출시된 게 너무나도 자랑스럽다고 코멘트를 단다. 그럼 종종 타사 사람들이 "애플 직원들은 마치 혼자서 그 제품을 만든 것처럼 자랑

한다"고 얘기하기도 하는데, 내가 보기엔 부러움 반, 질투 반으로 그런 말을 하는 게 아닐까 추측해 본다.

자신이 개발에 참여한 제품이 전 세계 수많은 사람에게 특별한 경험을 선사한다는 뿌듯함은 아무나 쉽게 느낄 수 있는 감정이 아니다. 게다가 이런 벅찬 마음은 엄청난 동기부여가 된다. 이렇게 애플은 제품을 만드는 사람에게도, 제품을 사용하는 사람에게도 특별한 감정을 선사한다.

# 다 같이 일류로 성장하기

애플은 연간 생산물량이 워낙 많기 때문에 부품 공급업체 입장에서 놓칠 수 없는 고객이다. 게다가 애플과 거래하면 (애플이 요구하는) 엄격한 기술과 품질, 수율 및 일정을 충족시키는 공급업체란 일종의 보증 효과도 나타나 여러 회사로부터 거래 제안을 받는 계기 또한 만들 수 있다. 그래서 대부분의 공급업체는 기회만 된다면 애플과 일하고 싶어 한다.

애플도 이러한 구조를 능수능란하게 활용한다. 실력이 뛰어난 공급업체에는 역량을 더 키우도록 지원해 애플의 주요 거래처로 만드는 한편, 아직 실력이 부족한 공급업체에는 능력치를 키울 수 있도록 투자해 일류기업으로 이끈다. 그리고 최종적으로 앞선 공급업체와 경쟁 관계를 만들어 두 공급업체와의 거래에서 애플이 유리한 입장에 서도록 한다.

그런데 이런 추측도 할 수 있다. '애플은 자체적으로 부품을 생산하지 않는데, 그럼 공급업체의 기술자들에게 끌려다니지 않을까?' 그런데 애플에는 부품 공급업체의 기술자보다 더 뛰어난 기능별 전문가들이 있다. 그들은 공급업체의 머리 꼭대기에서 해당 부품의 제조 과정부터 장비 하나하나까지 검증하고, 공급업체가 밝히길 꺼리는 부분까지 찾아내 데이터와 공정의 투명성을 높인다. 여기서도 애플의 완벽주의가 적용된다. 사석에서 공급업체 사람들과 얘기할 때마다 들었던 불평이 "애플의 완벽주의는 지독하다"는 것이었다. 그들이 가장 피곤해하면서도 부러워하는 지점이다.

나는 애플에서 일하는 동안 여러 공급업체들과 다양한 부품 개발 프로그램을 진행한 적이 있다. 그들에게 이 거래는 업체의 명운을 결정할 큰 기회이자 자신들의 능력을 증명해야 할 테스트이기도 했다. 그래서 개발 프로그램의 성공 여부에 따라 공급업체 경영진이 교체되거나 직원들이 해고되는 등 경영상의 후과를 겪는 일도 보았다.

공급업체가 애플과 일하면서 가장 힘들어하는 부분은 지나치리만큼 높은 신뢰성 기준을 따라야 하는 것이다. 그들은 우스갯소리로 자신들의 업체에서 최상품만 골라 애플에 보내고 나머지는 다른 업체에 보낸다고 말하곤 한다(나머지를 보내도 아무 문제 없이 테스트를 통과하고, 오케이 투 램프 승인을 받는다는 걸 돌려 말하는 것이다). 실제 한 업체는 애플이 요구하는 품질 요건을 통과하지 못하고, 그해 양산에서 배제돼 큰 타격을 입었다. 물론 그다음 해에는 1년 내내 철야 작업을 하며 품질 요건을 통과할 수 있었지만, 그 업체는 아직도 애플의 완벽주의에 혀를 내두른다.

이렇게 애플은 공급업체가 완전한 부품을 안정적으로 공급할 수 있는 능력을 갖추도록 긴밀히 협업한다. 이는 다 같이 일류로 성장해 탁월한 제품만 만들고자 하는 열정에서 비롯된 것이다.

# 문 좀 열어줘,
# 나도 여기 직원이야!

애플의 상징물을 하나 꼽는다면, 나는 애플 파크<sup>Apple Park</sup>를 소개하고 싶다. 애플 본사는 원래 캘리포니아주 산타클라라 군에 있는 도시 쿠퍼티노<sup>Cupertino</sup>에 있었는데, 스티브 잡스가 인피니티 루프<sup>Infinity Loop</sup>에서 1.6킬로미터 떨어진 곳에 있던 휴렛 패커드<sup>Hewlett Packard</sup>의 대지를 매입하면서 본사 위치가 바뀌게 되었다(당시 건축 승인을 받기 위해 잡스가 직접 쿠퍼티노 시의회에 나와 애플 파크의 공사 계획을 발표했는데, 애석하게도 그는 몇 달 뒤 췌장암으로 세상을 떠났다).

175에이커 부지에 자리한 애플 파크의 모습은 흡사 원형 반지 모양 우주선 같다. 4층으로 된 이 건물의 높이는 13미터로 거대한 곡면 유리 800장이 그 둘레를 에워싸고 있다. 또한 토지의 80%에 해당하는 부지에 6천 그루 이상의 나무가 심겨 있어 마치 숲속을 연상케 한다. 애플 파크의 수용 인구는 대략 1만 2천 명으로, 직원이 모두 들어갈 수 없어서 많은 팀이 쿠퍼티노와 서니베일 일대의 건물에 흩어져 있다. 애플에서 일하는 동안 내 책상은 옛 본사였던 인피니티 루프 길 건너편에 있었고, 협업하는 팀은 대부분 애플 파크에 있어서 하루에도 몇 번씩 셔틀버스를 타고 오가야 했다.

이렇게 직원들이 뿔뿔이 흩어져 있다 보니, 애플 파크의 출입 보안이 매우 삼엄한 편이다. 애플 파크로 출입하려면 내가 어떤 프로젝트를 하고 있고, 어느 팀 누구와 협업할 예정이며 이 협업이 왜 필요한지 등을 상세히 적은 출입 승인 신청서를 제출해야 한다. 그리고 이 신청서에 대한 허가 승인이 나야 애플 파크로 들어갈 수 있다(여러 출입구 중에서도 내가 협업할 팀이 있는 구역으로만 출입할 수 있다).

입사하고 6개월쯤 지났을 때였다. 협업하는 엔지니어링팀과의 회의에 참석하기 위해 애플 파크로 이동했다. 물론 출입 승인 신청서도 냈고, 승인도 받은 터였다. 그런데 출입할 구역의 육중한 유리문 앞에서 사원 배지를 스캔하는데, 빨간불이 켜지며 경고음이 울리는 것이다. 하루에도 몇 번씩 출입하던 구역에 갑자기 들어갈 수 없게 되니 정말 당황스러웠다. 마침 그날따라 주변을 지나가는 직원도 없어 도움을 요청할 방법도 없었다. 협업하는 엔지니어에게 메시지를 보냈지만, 회의 중이라 나올 수도 없었다. 결국 유리문 밖에서 10분 이상 기다린 끝에 겨우 들어갈 수 있었다. 나중에 안 사실이지만, 애플은 출입 승인이 허가된 지 6개월이 지나면 무조건 다시 승인을 요청해야 한다.

잡스 강당 같은 제한된 공간은 직원이더라도 1년에 한 번 행사가 열릴 때만 들어갈 수 있다. 애플은 왜 이렇게까지 직원들의 출입을 관리할까? (모두 예상했겠지만) 보안을 위해서다. 6개월마다 출입 허가를 갱신하는 일은 매우 번거로운 일인데도 그 누구도 불평하지 않는다. 직원들 역시 보안이야말로 회사를 지키는 가장 기본 조건이라고 생각하는 것이다.

# 알려고 하지 마,
## 다칠 수 있어

잡스는 생전에 전 사원 회의 때마다 무서우리만큼 보안을 강조했다. "이 회의에서 나온 어떤 정보라도 유출된다면, 그 출처를 찾아 우리 회사 법무팀이 취할 수 있는 가장 무거운 형사처벌을 받게 할 겁니다." 이것은 비단 애플에 대한 외부의 접근만 엄격히 다루겠다는 게 아니라 내부의 부적절한 접근도 그렇게 다루겠다는 엄포와 같다("난 애플 캠퍼스에 방문했다. 내가 말할 수 있는 건 그게 전부다"란 글이 인쇄된 사내 티셔츠도 있다). 애플에서는 입사하고 나서 담당할 개발 제품의 프로그램이 정해지면, 가장 먼저 해당 프로그램에 대한 정보접근disclosure부터 신청해야 한다. 그리고 나서 해당 부서의 매니저와 그 프로그램 매니저, 디렉터로부터 접근 승인을 받은 후에야 관련 자료를 열람할 수 있다.

그런데 이 허가가 났다고 해서 내가 개발에 참여하고 있는 제품의 모든 정보를 열람할 수 있는 것도 아니다. 심지어 회의도 마찬가지다. 가령 내가 A란 제품의 카메라 부문을 맡고 있다면, A의 배터리, 센서 그 외 다른 부문 회의에는 참석할 수 없다(프로그램명도 제품명 대신 코드명을 사용해 내가 맡은 제품과 관련된 것인지조차 알 수 없다).

애플은 어떤 프로그램의 정보접근 허가를 낼 때, '이 직원이 반드시 이 정보를 알 필요가 있는지'부터 검토한다. 업무를 수행할 때 꼭 알아야 할 정보가 아니라면 공유해서는 안 된다는 기조인 것이다. 업무의 투명성을 위해 정보를 공유해야 한다는 식의 사고는 애플에서 통하지 않는다. 필요 이상으로 알 필요도, 알 의무도 없는 셈이다(혹자는 꼭 알아야 할 정보가 아니면 절대 공유하지 않는 경영 원칙을 가리켜, 테러 단체의 점 조직 같다고 비유하기도 한다).

애플에서는 보안 규칙을 따르지 않는 직원을 발견하면 신고하도록 고지한다. 특히 개발 중인 제품의 디자인이나 사양, 제품 출시일에 관한 정보는 가족에게도 알리지 말도록 권고한다. 혹시 가족이 관련 정보나 사진을 SNS에 올리기라도 하면, 회사의 생사가 걸린 대형 사고로 이어질 수도 있기 때문이다. 실제로 한 직원의 자녀가 개발 중인 프로그램을 SNS에 올리는 바람에 제품의 정보가 알려지면서 해당 직원이 해고된 사례도 있다.

이렇게 엄격한 보안은 애플 직원만의 일이 아니다. 수많은 공급업체와 조립업체 직원들도 애플의 보안 수칙을 엄수해야 한다. 한번은 아시아에 있는 공급업체와 조립시설에 방문한 적이 있다. 두 공장은 서로 다른 나라에 있는 (전혀 연관이 없는) 업체였지만, 보안과 출입 절차가 같았다. 미리 출입자의 신원을 확인해서 출입 승인을 내고, 전화기나 소지품은 모두 따로 보관하며 금속탐지기로 출입자의 머리끝부터 발끝까지 (신발 밑창까지도) 구석구석 스캔한다. 이 과정을 어색해하는 직원은 없다. 거래처의 엔지니어뿐만 아니라 조립작업을 하는 단순 노동자들도 보안 교육을 철저히 받는다.

이런 극도의 보안은 신제품에 대한 미디어와 대중의 기대를 더욱 극적으로 만든다. 숨기면 더 알고 싶은 게 사람 심리인지라, 감추면 감출수록 미디어의 주목은 물론이고, 소비자의 관심을 끌 수 있다. 이러한 주목과 관심은 매출 창출의 기회가 된다. 따라서 제품 출시 전, 관련 정보를 철저히 비밀에 부치는 건 마케팅의 기본 중 기본이다. 누군가는 유난스럽다고 할 수 있다. 그러나 정보 보안에 안일한 나머지 신제품 정보가 출시 전 유출되어 매출에 큰 타격을 입는 일이 심심치 않게 발생한다. 따라서 이런 극도의 보안은 일류기업이 그 역량을 유지하고 경쟁의 우위를 점하는 데 필수 조건이다.

# 세계가 기대하는
# 애플의 역할

　잡스가 이끌던 애플은 그의 직감에 따른 창의력으로 혁신을 선도하던 기업이었다. 당시의 애플은 대중이 그들의 필요를 미처 깨닫기도 전에, 그들에게 필요한 기능을 탑재한 세련되고 아이코닉한 제품을 개발해 선보였다. 그래서 잡스 사후, 사람들은 애플의 미래를 비관적으로 봤다. 하지만 애플의 주가 총액은 다섯 배 이상 증가했으며 세계 최고의 기술기업으로 발돋움했다. 물론 잡스가 없는 애플에서 예전만큼 창의적인 혁신을 일으키진 못하고 있다. 하지만 팀 쿡이 이끄는 현재의 애플은 브랜드의 안정적인 가치를 뒷받침하는 '실행력'에 주안점을 두며 기술적 명성을 이어가고 있다.

이따금 세계적 일간지에서는 애플에 더는 혁신적인 제품을 기대할 수 없다고 혹평하기도 하지만, 나는 그렇게 생각하지 않는다. 애플은 기업의 방향성을 튼 것뿐이다. 기존에는 제품의 창의적 기능에 집중했다면, 현재는 안정적인 iOS 생태계Ecosystem 기능에 집중한다.

가령 스마트폰의 디스플레이 기능을 보면, 올웨이즈 온 디스플레이Always On Display(스마트폰을 활성화하지 않아도 시간, 날씨, 알림이 항상 나타나는 기능)나 홀 디스플레이Hole Display(전면 상단에 카메라 렌즈 구멍만 남기고 모두 디스플레이로 채운 디스플레이), 온 스크린On-screen 지문인식 같은 기능을 애플에서 처음 선보인 게 아니다. 쉽게 말해, 현재의 애플은 이러한 기능을 다른 회사보다 앞서 제품에 탑재하는 걸 1차 목표로 하지 않는다. 그들은 새로운 기능을 제일 먼저 세상에 보이기 위해, 품질면에서 완벽하지 않은 제품을 세상에 내놓지 않는다. 아주 사소한 실행 문제나 불편으로도 애플의 브랜드 가치를 떨어뜨릴 수 있다고 생각하기 때문이다.

사용자들이 애플 제품을 꾸준히 찾는 이유로 iOS의 안정적인 생태계를 꼽는다. 애플은 자사 제품 사용자가 애플의 생태계에서 하드웨어, 소프트웨어, 앱 그리고 서비스 영역까지 매끄럽게 즐길 수 있도록 하는 것을 최우선으로 한다. 가령 아이폰, 에어팟, 애플워치, 홈팟, 아이패드, 맥북, 애플TV가 하나로 연결되어 동기화되고, 같은 작업물을 여러 제품에서 만질 수 있도록 하는 것처럼 말이다. 이건 제품을 완벽하게 만들지 않으면 불가능한 일이다.

그래서 애플은 그 어떤 곳보다 철저하게 기술적 검증과 신뢰성 평가 기준을 진행한다. 일례로, 신뢰성 평가에서 아주 조금의 문제라도 나타나면 개발 제품을 양산하지 않는다. 무조건 우리가 먼저 출시해야 한다는 생각으로 '선 출시, 후 조치'로 일을 진행하지 않는다. 완벽하지 않은 제품은 절대 사용자에게 내놓지 않겠다는 게 지금 애플의 모토이다.

# 5장

# 냉혹한 평가 속에서
# 생존하기

# 담당자 무한책임

애플에서 일하면 하루에도 몇 번씩 듣는 질문이 있다. "이 아이템 DRI가 누구야?Who is the DRI for this action item?" 여기서 DRI Direct Responsible Individual란 어떤 업무에 대해 '직접적으로' 책임 있는 사람을 가리키는 말로, 업무담당자(애플에서는 살림살이꾼 이라고 말하기도 한다)를 뜻한다. 흔히 책임자를 찾는 건 잘잘 못을 따지려는 때가 대부분인데, 애플에서는 그렇지 않다. 개 발 프로그램에 따라 담당자가 세분되어 있다 보니, 말 그대로 담당자가 누구인지 확인차 묻는 것이다.

그런데 어떻게 들으면 이 말은 단순히 잘잘못을 따지려 할 때보다 더 무섭게 들리기도 한다. 담당자가 세분되다 보니 부서별, 직원별 역할이 분명하고 그에 따른 책임이 막중하기 때문이다(애플에서는 효율을 극대화하기 위해 책임 소재를 분명히 하는 걸 자연스러운 일의 흐름<sup>work stream</sup>으로 본다). 덕분에 업무 경계가 매우 선명해 부서별 다툼이 생길 일은 거의 없지만, 내가 역할을 제대로 수행하지 못한다면 그 책임을 피할 길이 없다.

애플은 오랫동안 하드웨어를 개발하며 혁신적인 제품을 만들고, 생산하는 과정에서 수많은 시행착오를 겪었다. 그리고 이를 통해 '한 치의 오차도 용납해선 안 된다'는 일종의 강박을 회사의 강령으로 삼게 되었다. 그래서 '최선'보다는 '최고'에 방점을 두고 일하도록 직원들을 몰아세운다.

이런 이유로, 애플에서 일하는 사람에게는 세 가지 공통점이 있다. 첫째, 목적이 분명하다. 기업의 목표는 신제품을 성공적으로 개발해 적기에 출시하여 이윤을 내는 것이다. 다만 이러한 목표가 순수하게 직원의 목표로까지 이어지는 경우는 드문데, 애플은 그렇지 않다. 애플 직원들은 세계 최고의 제품을 개발해 출시한다는 목적을 분명히 가지고 있다. 그리고 이런 명확한 목적의식이 혹독한 업무량을 감당하는 데 원동력이 된다.

둘째, 일하는 동기가 있다. 애플 DRI는 전 세계 수억 명의 사람이 사용할 세계 최고의 제품을 개발하는 데 일조한다는 자부심 하나로 일한다. 함께 일했던 동료나 상사들은 입버릇처럼 "이번 프로젝트만 끝나면 좀 쉬고 싶다"고 말하곤 했다. 하지만 그들은 애플에 다닌다는 자부심 하나로 1년을 버티고 3년을 버티고 10년을 버텼다. 그리고 언제나 입사 때처럼 열정적으로 일했다.

셋째, 일의 주체가 자기 자신이다. 애플에서는 문제의 해결책을 모색할 때, "불가능합니다" 혹은 "여기까지가 최선입니다"라고 대답하면 살아남을 수 없다. 그래서 담당하는 모든 일에 대해서 적극적으로 해결책을 궁리하고, 방안을 찾아야 한다. 게다가 애플에서는 상사나 동료의 조언을 참고하더라도 결국 결정을 내리고 책임을 지는 것은 담당자의 몫이란 기조가 지배적이어서, 일을 주체적으로 하지 않으면 애플에서 일하기 어렵다.

나는 어떤 직종에 종사하든 일하는 사람이라면 이 세 가지를 기본으로 갖춰야 한다고 생각한다. 하지만 주위를 둘러보면 이 중 한 개라도 갖춘 사람을 찾기 어렵다. 이 말인즉슨 이 세 가지를 갖추고 일한다면 여기저기서 당신을 영입하려고 할 것이다.

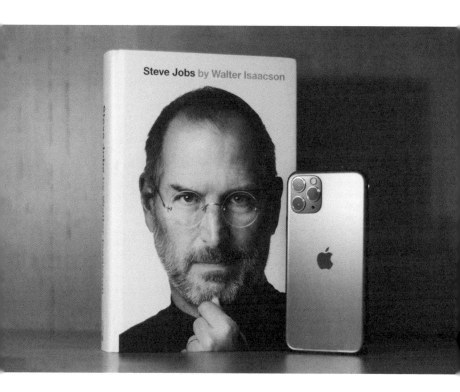

# 주목받는 자는
## 복 있을지어다

애플에서는 매 9월 두 달에 걸쳐 인사평가 면담을 실시한다. 애플의 인사평가는 다른 회사에 비해 (외견상) 간단한 편이다. 결과$^{result}$, 팀워크$^{teamwork}$, 혁신$^{innovation}$이라는 세 가지 항목을 각각 3점(기대치 이상), 2점(기대치), 1점(기대치 이하)으로 평가하기 때문이다.

먼저 인사평가 대상자인 직원이(여기서는 A라고 지칭한다) 세 가지 항목에 대해 자기 자신을 평가한 다음, 지난 1년 동안 자신이 이룬 업적을 요약해 인사 시스템에 입력한다. 그리고 협업했던 동료들에게 자신의 업무에 대한 피드백(평가)을 요청한다. 그러면 동료들은 그 피드백을 적어 A의 매니저에게 보낸다. 이를 바탕으로 매니저는 결과, 팀워크, 혁신에 대한 A의 업적을 평가하고, 이에 따라 연봉 인상과 현금 보너스(연봉이 인상되는 시점에 지급된다) 그리고 주식 보너스(현금 외에 애플 주식으로 지급되는 보너스)를 정한다.

매니저는 자신의 팀원을 평가할 때, 코어팀에서 팀원이 어떻게 협업했는지를 집중적으로 살펴본다. 이를 위해 매니저는 코어팀의 다른 담당자들에게 자신의 팀원에 대한 평가를 요청한다. 그리고 엔지니어링팀, 제품설계팀, 제조팀과의 보고 회의에서 팀원이 어떻게 발표를 준비하고 진행했는지도 확인한다.

업무 능력이 뛰어나고 협업 태도가 좋은 직원은 당연히 주위의 평판도 좋을 수밖에 없다. 반대로 업무 능력이 떨어지거나 협업 태도에 문제가 있는 사람은 주위의 피드백도 좋지 않다. 이렇게 매니저는 팀원에 대한 평판을 두루 확인한 다음, 자신의 평가와 비교한다. 그리고 그 평가에 대한 종합적인 피드백을 팀원에게 전달한다.

이렇게 인사평가가 촘촘히 진행되기 때문에, 평가 내용이 구체적이다. 가령 A는 더 적극적으로 자신의 의견을 개진할 필요가 있다든지, 퇴사한 동료의 공백을 잘 메꾸어 주었다든지, 메시지가 분명한 백업 슬라이드를 잘 준비한다든지 등 매우 자세하다.

그럼 애플에서 좀 더 나은 평가를 받으려면 어떻게 일해야 할까? 우선 남의 시선을 끌 줄 알아야 한다. 예를 들어, 내가 속한 조직의 디렉터가 나를 승진시키고 싶어도 내 존재감이 미비하다면 다른 디렉터들이 "나는 그 직원이 누군지도 모릅니다. 조직에서 영향력 없는 사람을 왜 승진시켜야 하죠?"라고 반대할 가능성이 크다. 따라서 애플(미국 기업 대부분)에서는 자기 의견을 조리 있게 말하고, 동료를 잘 백업하며, 발표 자료를 잘 만드는 능력에 앞서 자신을 어필하는 능력을 갖추고 있어야 한다.

한 가지 더 이야기하자면, 일을 찾아서 하는 습관도 필요하다. 나는 애플에 입사하고 처음으로 맡은 프로그램의 자료를 확인하던 중 이전에 팀에서 관리하던 개발자료들이 정리되지 않은 채 나뒹굴고 있는 것을 보았다. 팀원들은 그 자료를 정리해야 한다고 생각하고는 있었지만 자기 일도 아닌 데다 이미 할 일이 태산이라 모르는 척하고 있는 것 같았다. 나는 누군가는 해야 하는 일이라 생각하고, 몇 주간 개인적으로 시간을 내서 몇 년간의 자료를 연도별, 제품별로 정리했다. 그리고 신뢰성 조직 디렉터 보고회의에서 그 자료들을 공유했는데, 덕분에 나는 상사와 동료들에게 내 역량과 열정을 보여줄 수 있었다.

　애플에서 상사로부터 인정받는 일잘러들을 보면, 나도 그들을 본받고 싶은 마음이 생긴다. 그들의 실행력과 분석력, 발표력과 협업력을 참고해 나만의 업무 스타일로 발전시켜 나도 일잘러가 되고 싶은 욕심이 드는 것이다. 나는 외향적이고 적극적이진 않지만, 마냥 성격을 탓하며 내 테두리 안에서 안주하고 싶진 않았다. 그래서 일단 지르고 보자는 식으로 적극적으로 일했고, 주변에 내 능력을 어필했다. 작은 것부터 하나씩 시도하다 보면, 조금씩 자신이 생긴다. 그렇게 꾸준히 하면 어느새 회사로부터 인정받고 성장해 있는 자신을 발견하게 될 것이다.

# 회사는 당신을
# 기다려 주지 않는다

일반적으로 회사에서 직원의 역량을 볼 때, 두 가지 방향으로 나뉜다. 지금의 능력치가 좋은 직원인지, 아니면 당장의 결과는 뛰어나지 않지만 성장 가능성이 보이는 직원인지. 대부분 기업이 후자의 방향으로 직원을 평가하지만, 애플은 그렇지 않다. 그들은 지금 당장 회사에 필요한 능력을 갖추고, 그에 맞는 결과를 내는 직원인지에 초점을 맞춘다.

그렇다 보니, 애플에서는 매니저로 승진했다가 얼마 되지 않아 다시 팀원으로 강등되고, 이제 막 팀원으로 들어왔는데 곧 매니저로 승진하는 일이 자주 있다. 지금의 능력치가 검증되면 일단 승진시킨 다음, 그에 부응하지 못하면 가차 없이 교체하는 식이다.

이런 즉각적인 인사는 애플 직원들에게 분명한 메시지를 준다. "회사는 당신을 기다려 주지 않는다." 직원에 대한 배려는 고려사항이 아니라는 것이다. 그래서 애플에서는 소위 나사가 빠진 것 같은 사람을 찾기 어렵다. 할 수 있을 때 잘해야 한다.

그런데 이런 매서운 평가에 일견 부정적인 면만 있는 건아니다. 실력보다는 연공서열을 강조하는 회사에서는 찾아볼 수 없는 승진의 기회를 애플에서는 잡을 수 있기 때문이다. 나는 애플에서 일할 때, 내 직급보다 한 단계 높은 직급의 업무 범위도 소화하는 능력을 보여주는 것을 목표로 일했다. 다시 말해, 내가 맡은 개발 프로그램뿐만 아니라 다른 프로그램에도 관심을 가지며 더 넓은 안목으로 문제를 해결할 수 있다는 것을 증명하고자 했다.

가령 내 업무는 공급업체 A와의 개발 프로그램만 진행하는 것이어도, 공급업체 B, C의 개발 프로그램 담당자들과 늘 정보를 주고받으며 종합적인 해결책을 제시하려고 애썼다. 그리고 다른 개발 프로그램과 중복되는 업무는 자원해 한 번에 해결하여 팀 전체의 업무효율을 높이려고 노력했다. 덕분에 나는 디렉터 보고회의에서 깊이 있는 질문과 코멘트로 상사

들의 주목을 받을 수 있었고 그들 역시 내가 더 성장할 수 있
도록 다양한 기회를 만들어 주었다.

# 내 사람이 최고

일반적으로 리더나 관리자급에 오르게 되면, 믿을만한 사람을 중용해 그들을 통해 자신의 영향력을 키우려고 한다. 이때 인재를 자기 사람으로 데려온다면, 그를 통해 나와 내 팀의 업적을 올릴 수 있는 건 당연지사다. 애플에서도 마찬가지다. 팀을 이끄는 장이라면, 유능한 직원을 내 사람으로 만들기 위해 언제나 레이더망을 켜고 있다.

디렉터나 부사장 직급 정도가 되면 이런 경향이 더 강해진다. 인재들로 자신의 이너서클inner circle을 꾸린 다음, 자신이 더 높은 자리로 가게 되면 자신의 현재 자리를 물려주기 위해 인너서클 안의 직원들을 경쟁시킨다. 이건 일종의 영역 확장을 위한 준비과정이다. 왜냐하면 자신의 이너서클에 있는 직원들이 일을 잘해야 자신이 더 높은 자리로 올라갈 수 있고, 더 큰 영향력을 행사할 수 있기 때문이다.

한편 이러한 이너서클에 들지 못한 직원은 능력이 뛰어나더라도 조직에서 소외될 수 있다. 그럼 유능한 상사의 이너서클 일원이 되려면 어떻게 해야 할까? 그 상사가 업무상 궁금해할 질문을 예측한 다음 미리 말할 수 있어야 한다. 나아가 상사가 지시할 것이라 예상되는 업무를 미리 해결해 놓거나 준비해 놓는 센스도 발휘해야 한다. 이런 일이 쌓이다 보면, 상사는 이 직원을 자신의 대리인으로서 중요한 회의에 보내도 되겠다는 믿음을 가지게 된다.

그런데 이에 앞서 더 중요한 게 있다. 바로 누구를 위해 일할 것인지, 소위 어느 라인을 탈 것인지 생각해 봐야 한다. 내가 따르는 매니저가 더 높은 자리로 올라갈 능력이 있는 사람인지 아닌지에 따라 궁극적으로 회사 내 나의 위치도 결정된다. 이런 정치적인 계산은 애플에서도 예외가 아니다. 어떤 부서는 리더의 역량과 영향력에 따라 의사 결정 권한을 더 갖지만, 어떤 부서는 일한 만큼 보상도 받지 못한다. 이런 상황은 악순환된다. 왜냐하면 힘 있는 리더의 팀에는 다른 부서의 사람들도 가고 싶어하기에 자리만 나면 모두 지원할 테지만, 반대로 영향력이 없는 리더의 팀에서는 팀원들이 기회가 생길 때마다 팀을 떠나려고 할 것이기 때문이다.

일잘러는 일잘러를 알아보기 마련이다. 이런 면에서 볼 때, 애플에서 줄을 잘 선다는 건 오로지 처세술로 회사에서 살아남겠다는 게 아니라 좀 더 효율적으로 서로의 능력치를 올려 각자의 몸값을 올리겠다는 전략인 셈이다.

# 보너스 주식이
# 내 자존심

구글, 메타, 아마존 같은 미국의 기술기업은 유능한 직원이 회사를 떠나지 않고 장기적으로 다니도록 북돋기 위해 인센티브로 주식을 지급한다. 이것을 주식 보너스라고 부르는데 기존의 연봉, 현금 보너스와 별도로 지급된다.

애플에도 이 제도가 있다. 입사 당시의 주식가격으로 일정량이 할당되면 4년에 걸쳐 6개월마다 지급된다. 가령 입사할 때 1,200주의 애플 주식을 받았다면, 6개월마다 150주씩 4년에 걸쳐 받는 식이다. 그리고 이와 별도로 매년 9월 정기 인사평가 결과에 따라 일정량의 주식 보너스가 지급되고 이 역시 4년에 걸쳐 6개월 단위로 지급된다. 연봉과 현금 보너스는 금액이 일정하지만, 주식은 회사의 가치가 오르면 같이 오르기 때문에 주식 보너스에 대한 직원들의 선호도가 매우 크다.

앞에서 소개한 대로 매니저가 인사평가 결과에 따라 팀원의 등급을 매기면, 그에 따라 연봉과 현금 보너스 인상 정도가 결정되고 주식 보너스가 배정된다. 연봉은 일반적으로 2~5% 내외로 인상되고, 현금 보너스 또한 인상률이 높지 않아서 인사평가에서 높은 등급을 받은 직원과 그렇지 않은 직원 사이의 연봉 인상 차이가 그리 크지 않다. 반면 주식 보너스 차이는 매우 크다. 주식 보너스는 성과와 기여도에 따라 팀별로 배분된다. 그럼 매니저는 팀원들의 인사평가 결과에 따라 팀에 할당된 주식 보너스를 배분한다.

애플이 직원들에게 보너스로 주식을 주는 이유는 단순하다. 유능한 인재의 유출을 막고, 오랫동안 애플에서 일하도록 장려하기 위해서이다. 그래서 매니저는 주식 보너스를 팀원들에게 배분할 때, 어떤 팀원을 남기고 싶은지 자문해 결정하게 된다(결과, 팀워크, 혁신 중에서 한 개라도 1점이 나오면 주식 보너스는 받지 못한다). 가령 팀원 중 한 명만 남겨야 하는 상황이라면 누구를 선택할지 결정하는 셈이다.

이런 식으로 팀에 남기고 싶은 팀원을 순위 매긴 다음, 그에 따라 팀에 할당된 주식을 나눈다. 그래서 어떤 팀원은 연봉보다 많은 주식 보너스를 받기도 하고, 어떤 팀원은 주식 보너스를 아예 받지 못하기도 한다. 그런데 이때 내 능력이 뛰어나더라도 매니저와의 관계가 나쁘면 주식 보너스가 낮을 수도 있다. 흔히들 미국 기업에서는 상사에게 아부하거나 줄을 잘 서야 하는 문화 같은 건 없고, 오로지 본인 능력에 따라 승승장구할 수 있다고 오해한다. 그런데 아니다. 미국 기업에서야말로 상사에게 충성도를 보여 서로 신뢰할 수 있는 관계를 만들어야 한다. 따라서 상사와의 관계 형성도 업무의 연장선이라 생각하고 신경을 써야 한다.

# 독불장군은
# 발붙일 수 없다

　세계에서 가장 주목받는 뉴스 미디어 악시오스Axios의 CEO 짐 밴더하이Jim VandeHei는 저서 《스마트 브레비티》에서 슬랙Slack 의 통계치를 바탕으로, 직원 수가 1만 명 정도 되는 기업에서 는 직원들이 업무시간의 50~60%를 의사소통하는 데 소비한 다고 말했다. 즉, 일을 효율적으로 잘하려면 의사소통 능력을 갖춰야 한다는 것인데 이것은 다분히 직원이 많은 경우에만 해당하는 이야기는 아닌 것 같다. 아무튼 애플에서도 일을 제 대로 하려면 의사소통 능력을 필수로 갖춰야 하는데, 나는 이 능력을 유연성이라고 바꿔 말하고 싶다.

　앞서 이야기한 것처럼 애플에서는 협업해야 할 일이 정말 많다. 그렇다 보니, 짧은 시간 안에 많은 자료를 검토해야 하고, 의견을 나눠야 하며, 결정을 내려야 한다. 그래서 다들 예민한 상태로 서로에게 자료나 의견을 닦달할 때가 많은데, 이때 유연성이 부족하면 감정적으로 일을 처리하기 쉽다. 장담컨대 애플에서 감정적으로 일한다면 일주일도 버티기 어렵다.

동료로부터 계속 지적을 받다 보면 점점 자기 일에 대한 확신이 사라지게 마련이다. 그럼 결국 일을 포기하거나 동료의 뜻대로 움직이는 예스맨이 될 가능성이 큰데, 그렇게 되면 회사에서 내 자리가 사라지는 건 시간문제다. 이와 반대로 동료의 지적이나 의견을 고려하지 않고 무조건 자기 생각대로 일을 추진한다면 회사의 골칫덩어리가 될 것이다. 이러나저러나 유연하게 대처하지 못한다면 자기 자신을 갉아먹게 될뿐더러 동료들에게도 민폐가 된다. 그럼 유연성을 키우려면 어떻게 해야 할까? 타인을 존중하는 마음을 가지면 도움이 된다.

나는 신뢰성 조직에서 일했기에 타 부서와 협업할 일이 무척 많았다. 그래서 지적받는 때도 많았고, 지적해야 하는 때도 많았다. 그런 가운데 나에게도 고비가 왔다. '왜 저렇게 이야기하지? 내가 해결책을 제시했는데 왜 저리 유난스럽게 굴까?'라는 생각이 드는 것이다. 그런데 그때마다 내가 감정의

노예가 되지 않고, 동료들로부터 신임을 얻으며 좋은 평판을 쌓을 수 있었던 건 상대를 존중하는 마음을 가진 덕분이었다.

누군가는 내 이야기에 '유연성과 존중이 무슨 상관이지?'라고 생각할지도 모르겠다. 그런데 둘 사이에는 깊은 연관성이 있다. 상대를 존중하면 격한 감정을 누르고 유연하게 대처할 수 있기 때문이다. 흔히들 업무와 역할 차이로 각자의 목표 달성에만 집중하다 보니, 존중하는 마음을 잃고 거칠게 소통하기 쉽다. 그런데 회사의 업무나 프로젝트는 결코 개인의 노력으로만 이뤄지는 게 아니다. 모든 직원이 협력했을 때 비로소 완성된다. 그 과정에서 필연적으로 생기는 의견 충돌에 유연하게 대처한다면, 어마어마한 시너지를 낼 수 있다.

이러한 이유로 동료들과의 의사소통을 무시하는 독불장군 같은 사람은 애플에 발붙이기 어렵다. "이건 내 업무인데 당신이 왜 지적하죠?"라는 식으로 편협하게 생각한다면, 그 어디에서도 환영받지 못한다. 함께 일하고 싶은 동료가 되고 싶다면 옳은 지적과 의견을 기꺼이 받아들이는 유연한 자세를 갖추도록 하자. 그럼 여기저기서 당신과 일하고 싶어 안달을 낼 것이다.

# 매니저와 팀원의 관계

　최근 여러 회사에서 팀원이 매니저를 평가하는 시스템을 시행하고 있다. 그러나 애플에서는 팀원이 매니저의 업무를 평가하고, 그에 대한 피드백을 줄 수 있는 공식적인 절차나 방법을 두고 있지 않다. 추측건대 최고경영자의 지시에 따라 일사불란하게 움직여야 할 개발 조직에서 팀원이 매니저를 평가한다면, 하향식 의사 결정이 어렵기 때문일 것이다. 그래서 팀원 차원에서 매니저로부터 부당한 대우를 받고 있다는 생각이 들어도 이의를 제기하기 어렵다. 물론 애플 경영진도 이 부분을 어느 정도 인지하고 있어서, 매니저가 팀원을 평가할 때 (팀원이 납득할 수 있는) 객관적이고 상호 합의한 평가 시스템을 사용하도록 관련 내용을 꾸준히 업데이트하고 있다. 그리고 무엇보다 모두가 인정하는 실력파를 매니저로 세워, 팀원들이 자발적으로 그를 따르도록 하는 분위기를 만든다.

그렇다 보니 애플의 매니저는 일반 사업부 조직의 매니저처럼 다양한 인력을 다루는 관리형 리더가 아니다. 자기가 맡은 기술 분야 업무를 오랫동안 수행하며 그 능력을 인정받아 승진한 사람들이다. 그래서 애플에서 매니저로 승진하려면 무엇보다 실력이 뛰어나야 한다. 이렇게 애플에서는 일잘러 중에서도 손꼽히는 일잘러를 매니저로 승진시키다 보니, 기능적 자질에 비해 팀원을 관리하고 통솔하는 능력이 부족한 사람들이 꽤 있다. 충분한 의사소통으로 팀원과 신뢰관계를 구축했다면 해결할 수 있는 문제들을 해결하지 못하는 것이다.

코어팀에서 협업하며 가까이 지냈던 한 엔지니어는 사적으로 대화를 나눌 때마다 매니저와의 관계 때문에 힘들다고 토로했다. 그의 매니저는 대학원을 마치고 바로 애플에 입사해 고속 승진한 젊은 인재로, 일 처리는 완벽했지만 성격이 급해 팀원들을 다그치는 일이 잦았다고 했다. 게다가 팀원 사이에도 업무로 인한 갈등이 쌓여 서로의 불만을 해소하고자 매니저에게 상담을 요청했지만, 매니저는 갈등을 중재하고 팀워크를 끌어내려는 그 어떤 노력도 하지 않았다. 결국 그 엔지니어는 내부 이동을 신청해 다른 팀으로 자리를 옮겼고, 다른 팀원들 역시 1~2년 사이에 모두 팀을 떠났다.

나는 현재 메타에서 매니저로 일하고 있다. 애플에서 경험한 매니저의 기능적 역할을 바탕으로 팀원들과 신뢰관계를 구축하고자 노력하고 있다. 매니저와 팀원 사이에 심리적 안정감psychological safety이 형성되면 매니저는 리더십을 발휘하며 팀워크를 이끌어낼 수 있고, 팀원은 자발적으로 동기를 만들어 최고의 역량을 낼 수 있기 때문이다. 그럼 서로 업무에 관한 건설적인 피드백과 조언도 주고받을 수 있다.

내가 생각하는 최고의 팀장은 기술적인 안목뿐 아니라 진심으로 팀원을 생각하며 그들과 소통하려는 마음을 가진 사람이라고 생각한다. 우리는 로봇이 아니다. 함께 일하려면 팀원들과 소통하려고 노력해야 한다. 그래야만 팀 전체의 역량을 최고로 끌어올릴 수 있다.

# 6장

# 절이 싫으면
# 중이 떠나라

# 진을 빼는 인터뷰

한국 기업의 경우 신입사원 공채 기간이 따로 있지만, 미국 기업은 대개 그렇지 않다. 기업에서 필요한 인력이 생기면 그때마다 채용 공고를 내거나 인사팀에서 채용 사이트를 통해 회사에 맞는 인력을 찾아 일자리를 제안하는 식이다. 나는 후자의 경우로, 애플 인사담당자가 링크드인<sup>LinkedIn</sup>에서 내 경력을 보고 인터뷰를 제안해 면접에 응하게 되었다.

애플에서 채용 인터뷰는 총 세 차례에 걸쳐 진행된다. 인사담당자와의 전화 인터뷰를 마치고 나면 나를 채용하려는 매니저와 전화 인터뷰를 하고, 이를 통과하면 애플 캠퍼스에서 대면 인터뷰를 진행한다. 인사담당자와의 인터뷰는 대략 30분

정도로, 채용 인력이 갖춰야 할 능력과 이직하려는 이유 등에 관해 간단히 이야기를 나눈다. 그중 기본 요건이 갖추어진 것으로 보이는 지원자만 채용 매니저와 인터뷰할 수 있다.

채용 매니저와는 전화 인터뷰로 한 시간 정도 진행한다. 이력서에 기재된 사항이 모두 사실인지, 애플에서 요구하는 자질을 지원자가 갖추고 있는지, 현재 다니고 있는 회사에서 정확히 어떤 업무를 맡고 있는지, 관련 분야에 기술적 전문성을 띠고 있는지 등을 확인한다. 인터뷰 당시 인상적이었던 건 보통 채용 인터뷰 자리에서 면접관들은 지원자가 현재 맡고 있는 업무에 관한 단편적인 지식을 주로 묻는데, 애플에서는 일의 순서와 관련 영역에서 문제가 발생한다면 어떻게 해결하는지 등을 물으며 내가 진짜 '전문가'인지 확인하려 했다는 점이다.

매니저와의 전화 인터뷰를 무사히 통과하면 애플 캠퍼스(당시 애플 본사)에서 온사이트on-site 인터뷰를 진행한다. 온사이트 인터뷰는 총 여덟 명의 면접관과 일대일로 45분씩 진행된다. 그래서 다른 지역이나 다른 나라에서 오는 지원자는 하루 종일 온사이트 인터뷰에 매달려야 한다. 면접관으로는 신뢰성 조직, 엔지니어링팀, 제조팀, 제품설계팀의 실무담당자, 매니저, 디렉터가 들어와 지원자의 기술적 지식과 경험, 성격과 자질, 의사소통 능력 등을 종합적으로 본다.

초면인 데다 나를 평가하기 위해 모인 여덟 명의 사람과 45분씩 인터뷰하는 건 분명 숨 막히는 일이었지만, 나는 서로 알아가는 좋은 기회라고 생각하며 즐거운 마음으로 임했다. 그중 특히 재밌는 인터뷰가 있었는데, 한 담당자가 나를 만나자마자 대뜸 "지금 여기 회의실에 있는 화이트보드 마커를 집어 보시겠어요?"라고 말하더니, "제가 3분을 드릴 테니 그동안 그 마커를 대량생산할 때 생길 수 있는 불량과 그 해결 방안에 대해 설명해 보세요"라고 하는 것이다. 예상치 못한 문제에 어떻게 대처하는지 보려는 의도 같았다. 당시 내 답변이 인상적이었는지 온사이트 인터뷰 중에 다른 관리자들도 나와 이야기를 나눠보고 싶다는 제안이 들어와 두 차례 더 전화 인터뷰를 했다. 정말 치밀하고 주도면밀한 면접 과정이었다.

애플에서 일하며 나도 몇 차례 면접관으로 입사지원자들을 인터뷰한 적이 있다. 그때 두 가지 사실을 알게 되었다. 첫째, 온사이트 인터뷰에서 한 면접관이라도 해당 지원자를 부적합하다고 판단하면, 그 지원자는 불합격 처리된다는 것이다. 해당 지원자를 인터뷰한 여덟 명의 면접관이 만장일치로 지원자를 합격시켜야 채용이 이뤄진다. 둘째, 애플은 지원자의 기술적 전문성과 의사소통 능력보다 과연 이 지원자가 애플의 독특한 기업 문화에 적응하며 성과를 낼 수 있을지 그 자질을 본다는 것이다.

일반적으로 지원자들은 회사에서 직원을 뽑을 때, 전문성과 경험, 의사소통 능력을 가장 중요하게 볼 것이라고 예상한다. 그러나 아무리 능력이 뛰어나더라도 입사한 회사의 문화를 견디지 못한다면 그 능력은 발휘되지 못할 것이다. 실제로 애플에서도 전문성이 뛰어나 입사 후 활약이 기대되었던 직원들이 애플의 기업 문화에 적응하지 못하고 입사한 지 얼마되지 않아 퇴사하는 경우가 많다(나와 비슷한 시기에 입사한 사람 중에 30%는 약 1년 후 퇴사했다).

신뢰성 조직 입사 동기였던 한 엔지니어는 입사한 지 1년되는 해에 퇴사했다. 그마저도 입사 때 받은 사이닝 보너스 signing bonus(입사하는 직원에게 일회성으로 주는 보너스로 1년 안에 퇴사하면 반납해야 한다)를 반납하지 않기 위해 꾸역꾸역 버틴 거였다. 그 친구는 여러 면에서 어려움을 호소했는데 특히 혹독한 업무량으로 가족도 친구도 모두 잃을 것 같다고 푸념했다(결국 애플에서 오래 버틴 직원이 애플의 최고 인재인 셈이다).

일자리를 구하고 있는 분들에게 꼭 해주고픈 이야기가 있다. 채용 인터뷰는 회사 차원에서 지원자가 자기 회사에 잘 맞는 인재인지 살펴보는 자리이기도 하지만, 지원자 역시 이 회사가 다닐 만한 곳인지 살펴보는 자리이기도 하다. 따라서 면접관들에게 나의 능력과 가능성을 어필하는 일도 중요하지만, 입장을 바꿔 회사의 역량과 가능성도 꼭 살펴봐야 한다. 그래야 에너지와 시간을 낭비하지 않고, 빛나는 경력을 쌓을 수 있다.

# 입사 후 문화 충격

애플에 입사한 첫해는 '생존'을 위해 적응하는 시간이었다. 자고 일어나면 매일 100여 개의 업무 메일이 도착해 있었는데, 그중 그냥 읽고 넘겨도 되는 건 단 하나도 없었다. 그러다 보니 점점 메일함을 여는 게 두려워졌다. 게다가 그룹챗에서는 항상 뭔가를 물어보거나 요구하는 메시지가 빗발쳤는데, 다른 업무로 곧장 회신하지 못하면 그 잠깐 사이에 내 의도와는 다른 결과가 나 있거나 다음 스텝으로 일이 넘어가 있었다. 그렇다 보니 내 책임도 아닌데 내가 뒤집어쓰는 경우도 생겼다.

그렇게 몇 차례 험한 일을 겪고 나서, 나는 아무리 바빠도 그룹챗에서는 곧장 답하는 습관을 가지게 되었다. 또한 나만의 생존 전략을 만들게 되었는데, 일단 그룹챗에 내가 원하는 일의 진행 방향을 이야기하고, 다른 사람들이 어떻게 반응하는지 보는 것이다. 나는 평소 타 부서의 진행 상황이나 이슈를 미리 파악해 두는 편이었기 때문에 그룹챗에서 대화의 흐름을 빠르게 이해할 수 있었다.

무엇보다 적응하기 힘들었던 건 다른 팀에서 DRI를 찾을 때 긴장하지 않는 것이었다. 아직도 기억에 남는 일이 있는데, 제품설계팀과의 첫 회의 때 일이다. 제품설계팀은 하이에 나처럼 집요하게 내 신뢰성 결과와 불량의 원인을 물고 늘어졌다. (돌이켜봐도 억지스러운 질문이 많았다고 생각하지만) 그들은 한참을 그러다 내 밑천이 다 드러난 듯 보이니 그제야 약간 누그러뜨리며 다음 회의 때까지 자기들이 요구한 사항을 업데이트해 달라고 말했다. 그렇게 회의를 마치고 나서 나는 잠시 얼이 나간 상태로 앉아 있었다. 지금은 웃으며 이야기하지만, 당시에는 내가 애플에 적응할 수 있을지 걱정되었다.

게다가 애플은 입사자에게 일을 가르쳐주지 않았다. 심지어 이제 막 들어온 입사자에게도 자료를 독촉했다(밤낮없이 문자메시지가 온다). 너군다나 나의 경우 입사하자마자 선임이 그만두어서 선임의 도움은커녕 그의 업무까지 도맡아야 했기에

홀로 부딪히고 깨지며 애플에 적응할 수밖에 없었다. 그렇게 1년을 버티니 점차 내성이 생기기 시작했다. 그렇게 애플에서 쌓아 올린 다양한 경험으로 나는 경력을 다졌다.

# 일 중독, 야근 중독,
# 결국 번아웃

애플이 요구하는 완벽주의를 좇다 보면 일 중독자가 되기에 십상이다. 그럼 자연스럽게 번아웃이 찾아오는데 이때 대부분 녹다운된다. 하지만 그중에서도 끝까지 살아남는 사람이 있다. 바로, 시간을 지혜롭게 쓰는 이들이다.

나 역시 알아주는 일 중독자로 잠자는 시간 외에는 일에 매달렸다. 심지어 애플에 입사하고 첫 몇 개월은 일에 대한 걱정 때문에 잠도 제대로 잘 수 없었다. 그러다 보니 점점 건강이 나빠졌고, 번아웃의 증상들이 하나하나 나타나기 시작했다. 뭘 먹어도 소화가 되지 않았고, 그렇다 보니 입맛도 없어졌다. 뭔가 의욕적으로 시작했다가도 금세 지쳤다. 이렇게는 도저히 안 되겠다 싶어서 나는 애플에서 오랫동안 일했지만 여전히 건강한 모습으로 일하는 선배들을 관찰하기 시작했다. 그리고 그들에게서 몇 가지 공통점을 발견할 수 있었다.

우선, 그들은 일을 미루지 않았다. 그날 할 일을 그날 끝내지 못하면 그 부담은 근무 외 시간 혹은 다음 날로 이어진다. 다음 날 하면 능률이 더 오를 것 같지만 착각이다. 그럼 일을 미루지 않으려면 어떻게 해야 할까? 일과를 허투루 보내지 않으면 된다. 한 방법으로 애플의 일잘러들은 시간을 쪼개서 사용하는 가운데 혼자서 집중할 시간을 따로 떼어놓았다. 예를 들어, 아침 9시부터 9시 30분까지는 무슨 일이 있어도 온전히 내 일에 집중하는 시간으로 활용하는 것이다. 그럼 자연스레 일의 우선순위도 정하게 되어서 일을 미루는 경우가 현저히 줄어든다.

그들은 또한 동료들과의 관계에도 신경을 썼다. 한 예로, 동료들이 내게 도움을 요청할 때 흔쾌히 응하면, 나 역시 도움이 필요할 때 그들에게 말하기 쉽다. 그럼 업무상 필요한 정보를 좀 더 효율적으로 얻을 수 있고, 원활하게 협업하여 일을 처리할 수 있다. 상부상조는 어느 문화에나 적용되는 미덕이다. 특히 경험이 많은 선임 엔지니어들과 좋은 관계를 유지하면 기술적인 지식이나 문제 해결 방향에 관해 조언을 구할 수 있다(애플에서 오랫동안 버텼다는 건 자신만의 생존 방식과 비결이 있다는 뜻이다). 동료들에게 도움이나 조언을 구하는 걸 주저해서는 안 된다. 그럼 같은 자리만 맴돌게 된다.

나도 이러한 방법을 활용해 차츰차츰 번아웃을 극복할 수 있었다. 덕분에 '애플 1년 업무 강도＝일반 기업의 6년 업무 강도'란 공식에 맞서 애플에서 4년을 버틸 수 있었다.

# 밖에 나가지 말고
## 안에서 찾아봐

　입사 후 한 부서에서 수년간 비슷한 프로젝트만 진행하다 보면, 경력이 정체되었다고 느껴 새로운 도전을 하고 싶은 갈망이 생기기 마련이다. 그럼 다른 회사로 눈을 돌리게 되고 퇴사를 선택하게 된다. 이를 막기 위해 애플에서는 채용 공고를 낼 때 사내 게시판에도 공지를 올린다. 외부로 인력이 유출되는 걸 최소화하고자 회사 내부에서의 부서 이동을 비교적 자유롭게 허용하는 것이다. 그래서 회사 내부에 지원자가 있으면 외부 지원자와 똑같은 절차로 인터뷰를 진행한 다음, 자질이 검증되면 부서 이동을 허락한다. 내부 지원자는 애플의 기업 문화를 잘 이해하고 있기 때문에 회사에서도 내부 지원자의 부서 이동을 선호하는 편이다.

애플에서 일하며 이러한 사례를 여럿 보았는데, 대부분 지원자가 부서 이동 후 잘 적응하고 만족해한다. 왜냐하면 팀을 옮기겠다고 결정한 건 속해 있던 팀에서 나오는 게 1차 목표였기 때문이다. 가령 매니저와의 관계가 나쁘거나 업무가 성에 차지 않거나 팀 내에서 성장의 기회가 제한적이거나 하는 등 옮기고 싶은 이유가 분명한 것이다. 게다가 옮기려는 팀에 대해 충분히 알아본 다음 지원하는 데다 옮기려는 팀의 매니저와 구두로 협의한 상태에서 팀 이동을 지원하기에 더 만족스러울 수밖에 없다.

이런 내부 이동의 경우 그동안 하던 일과 완전히 다른 일을 하는 팀으로 가는 사례도 있지만, 기존에 하던 일과 비슷한 일을 하는 팀으로 가는 사례도 있다. 가령 카메라 개발팀에서 카메라 양산팀으로 옮긴다거나 맥북 제품설계에서 아이패드 제품설계로 옮기는 식이다.

나는 이 제도가 매우 유용하다고 생각한다. 회사 차원에서는 유능한 직원이 유출되지 않아서 좋고, 직원 차원에서는 새로운 곳에 입사해 적응하느라 시간과 에너지를 낭비하는 대신 다니는 회사에서 자신의 능력을 확장해 경력을 쌓을 수 있으니 말이다.

나는 한국 기업에서도 이러한 시스템을 적극 활용했으면 한다. 회사에서 직원들에게 성장할 수 있는 기회를 제공한다면 직원들은 본인의 능력을 발전시키려고 정성을 쏟을 것이다. 이를 위해서는 무엇보다 관리자들의 확고한 철학과 의지가 중요하다. 애플의 수석부사장들은 직원들이 내부 이동을 할 때, 일체 불이익이 없도록 한다. 이처럼 유연하게 움직이는 조직이야말로 직원을 성장시키고, 회사를 성장시킨다는 것을 잊지 말아야 한다.

# 더 유능하고 가치 있게
# 일하기 위해

　서울대학교에서 석사과정을 마치고 반도체 회사에서 근무할 때 일이다. 당시 내 사수였던 부장님은 이제 막 직장생활을 시작한 초보 엔지니어에게 이런 조언을 해주었다. "지수 씨, 일하다 보면 누구에게나 경력을 확장할 기회가 찾아와. 그래서 게으름 피우지 않고, 부단히 능력을 키워야 해. 그렇게 해야 기회를 잡을 수 있어."

　그로부터 20년이 지난 지금, 나는 메타에서 매니저로 일하고 있다. 열심히 일한 덕분에 회사로부터 능력을 인정받아 빠르게 승진했다. 그렇다 보니 내게 일에 관한 고민을 털어놓는 동료가 많다. 그때마다 내가 하는 조언은 같다. "일터에서는 목적, 소통, 과정만 생각하면 돼.”

무엇보다 일을 잘하려면 '목적'을 가지고 있어야 한다. 내가 이 일을 왜 하고 있는지 그 이유가 분명해야 한다. 내게 업무를 상담하는 동료들에게 “네가 회사에서 시간과 노력을 쏟아 얻으려고 하는 게 뭐야?”라고 물었을 때, 바로 대답한 사람은 손에 꼽는다(그들은 소위 미국 명문대를 졸업한 인재들이다). 내 질문은 회사에 다니는 이유에 국한된 게 아니다. 그 회의에 왜 참석하는지, 왜 당신이 발표해야 하는지, 왜 그 일정에 맞춰 일을 처리해야 하는지, 왜 그 거래처와 일해야 하는지 등 일하는 모든 순간에 분명한 목적을 가지고 있어야 한다는 말이다. 그래야 가장 효과적인 방법을 찾아서 성과를 낼 수 있다.

'의사소통 능력'도 고려해야 한다. 내가 소통에도 신경 써야 한다고 조언하면, 대개 동료나 상사, 거래처 사람들의 비위를 맞추며 살갑게 지내라는 뜻으로 오해한다(이런 사람들은 직장 내 인간관계에 너무 많은 의미를 부여하는 부류이다). 그런데 아니다. 내 말뜻은 기분을 드러내지 말고, 심플하게 소통하라는 의미이다. 이 점만 유의해도 경영진이나 상사에게 보고할 때, 까다로운 상대와 협상할 때, 나의 성과를 어필할 때 등 회사에서 소통하고 설득해야 하는 순간에 자신의 목적을 좀 더 수월하게 달성할 수 있다.

　마지막으로 '과정'에 능숙해져야 한다. 주위를 둘러보면 일을 이상하게 많이 하는 사람들이 있다. 고만고만한 개발기획안을 여러 개 가져온다거나 발표 자료에 각종 통계 자료를 꽉꽉 채워오는 식이다. 반면, 엄두가 나지 않는 복잡한 일도 단순하게 처리하고, 수십 장의 발표 자료를 원 페이저로 뚝딱뚝딱 만드는 사람들이 있다. 차이는 하나다. 후자의 사람들은 업무의 본질을 볼 줄 아는 것이다.


　우리는 매일 아침 일어나 세수를 하고 거울을 들여다본다. 그리고 얼굴에 묻은 건 없는지 머리 모양은 괜찮은지 점검한다. 나는 이 책이 많은 직장인에게 거울과 같은 역할을 할 수 있으면 좋겠다. 그런 마음으로 내가 애플에서 배운 모든 것을 이 책에 꾹꾹 눌러 담았다. 눈앞에 놓인 과제로 두렵고 막막하다면, 이 책을 읽고 도움을 얻을 수 있기를 간절히 바란다.

거울 속 내 얼굴을 비추어보듯, 이 책을 통해 현재 나의 일하는 모습을 비추어보길 바란다. 더 나은 모습을 찾고 있는 사람이라면 누구에게나 도움이 될 책이다. _ 고봉식(대성쎌틱에너시스 대표이사)

이 책은 애플의 속살을 드러낸다. 서술이 화려하진 않지만, 스티브 잡스의 경영철학과 이를 실행하는 과정 그리고 엔지니어의 애환을 고루 담고 있다. _ 김영곤(르네사스 반도체 시니어 디렉터)

애플이라는 세계적 기업이 가진 힘의 근원과 혁신 방향이 궁금한 기업인들에게 일독을 권한다. _ 김지용(포스코홀딩스 사장, 미래기술연구원장)

저자는 애플의 성공을 아름답게 포장하지 않고, 끊임없는 압박과 도전정신 속에서 직원들이 어떻게 일하는지 그대로 보여준다. 애플의 비즈니스 전략이 궁금한 사람이라면 꼭 읽어보길 바란다.
_ 김철균(도산아카데미 원장, 전 한국인터넷전문가협회 회장)

이 책은 애플의 경영철학이 조직 문화 내에 어떻게 녹아 있는지 보여준다. 비즈니스맨뿐만 아니라 모든 분야의 전문가들에게 강력히 이 책을 추천한다. _ 여원동(NHN에듀 대표이사)

세계적 기업에서 고군분투한 저자의 솔직한 고백과 생생한 경험담은 취준생을 비롯해 일잘러가 되고 싶은 직장인들에게 큰 영감을 준다.

_ 이상원(한화증권 싱가포르 법인장)

이 책은 애플에서 일하는 몇 안 되는 한국인 엔지니어의 생존 일기로, 세계적 기업의 문화를 이해하고, 그 안에서 성공하는 데 도움이 되는 귀중한 자료가 될 것이다.　　　_ 이중건(피츠버그대학교 기계재료공학과 교수)

이 책은 미래의 리더, 혁신가 그리고 기술 애호가들에게 단순히 읽는 행위를 넘어서 실제 적용 가능한 지침서가 될 것이다. 애플과 같은 일류 기업에서 근무하고 싶다면, 이 책으로 준비해 보자.

_ 최진영(SM인스티튜트 대표, 전 디지털대성 대표)

# 애플에서는
# 단순하게
# 일합니다

**1판 1쇄 발행** 2024년 5월 31일
**1판 3쇄 발행** 2024년 8월 16일

**지은이** 박지수

**발행인** 양원석 **책임편집** 김율리
**디자인** 김유진, 김미선 **영업마케팅** 양정길, 윤송, 김지현, 한혜원

**펴낸 곳** ㈜알에이치코리아
**주소** 서울시 금천구 가산디지털2로 53, 20층 (가산동, 한라시그마밸리)
**편집문의** 02-6443-8826 **도서문의** 02-6443-8800
**홈페이지** http://rhk.co.kr
**등록** 2004년 1월 15일 제2-3726호

ⓒ박지수 2024, Printed in Seoul, Korea

**ISBN** 978-89-255-7497-4 (03190)

※ 이 책은 ㈜알에이치코리아가 저작권자와의 계약에 따라 발행한 것이므로
   본사의 서면 허락 없이는 어떠한 형태나 수단으로도 이 책의 내용을 이용하지 못합니다.
※ 잘못된 책은 구입하신 서점에서 바꾸어 드립니다.
※ 책값은 뒤표지에 있습니다.